Das Bilderverbot im Islam

Eine Einführung

von

Ibric Almir

Tectum Verlag
Marburg 2004

Umschlagabbildung © *Digital Buraq?* Ibric Almir 2003. Alle Rechte vorbehalten.

Almir, Ibric:
Das Bilderverbot im Islam.
Eine Einführung.
/ von Ibric Almir
- Marburg : Tectum Verlag, 2004
ISBN 978-3-8288-8766-4

© Tectum Verlag

Tectum Verlag
Marburg 2004

„Herr! Lass mich an Wissen zunehmen!"

Tā Hā (20, 114)

Danksagung

Für die Unterstützung in Rat und Tat, sowie wertvolle Literaturempfehlungen und Anregungen, bedanke ich mich ganz herzlich bei Ao.Univ. Prof. Dr. Franz Martin Wimmer (Inst.f.Philosophie/UNI Wien).

Mein besonderer Dank geht an Lektorin Mag.Dr. Ashraf Sheikhalamslamzadeh (Inst.f.Philosophie/UNI Wien)

An diese Stelle richtet sich mein Dank an meine Frau Dijana und Sohn Dženet, sowie an meine Eltern Sida und Sulejman für deren grenzenlose Liebe und aufopferungsvolle Beihilfe, ohne die mir das gar nicht möglich wäre.

Außerdem bedanke ich mich bei: Dr.Ebba Koch, Dr. Kurt Rudolf Fischer, Dr. Liselotte Popelka, Dr.Robert Wallisch, Mag.Viktoria Frysak, Dr. Siegfried Haas, Dipl.Ing.Rifat Kurtagic, Hajrija Spahic, Arion und Kimon Schütz, Mag.Sandra Novak, an alle Kollegen von Diss.SE / UNI Wien, Institut für Philosophie (Wien), ÖNB und Tectum Verlag.

Für die grammatische Korrektur, inhaltlichen Verbesserungsvorschläge und freundliche Unterstützung bedanke ich mich bei Fr. Maria Schütz und Fr.Mag.Miriam Theumer.

Inhalt

Umschrift und Aussprache 8
Vorwort 10
Einleitung 12

1. *Dschahiliya* - „Die Zeit der Unwissenheit"
   Ursprünge des Bilderverbots im vorislamischen
   Arabien 14

1.1. Geistige und religiöse Strukturen 14
1.2. Adammythos und Götzenwelt 18
1.3. Kaaba in Mekka als Mittelpunkt der Götzenverehrung 24
1.4. Vorislamische Bilderverbotstendenzen 27

2. Darstellung der Systeme, die man in Offenbarungs- und
   Postoffenbarungszeit als Ursache des Bilderverbots
   betrachten kann 33

2.1. Hauptquellen des islamischen Bilderverbots 33
2.2. Auf dem Koran basierende Theorien in Zusammenhang mit dem
     Bilderverbot 34
2.2.1. Die Offenbarung 35
2.2.2. Gott/Mensch Verhältnis 37
2.2.3. Einheit 38
2.2.4. Willensfreiheit, Erkenntnis 39
2.2.5. Prädestination 40
2.2.6. Polytheismusverbot 42
Prophet Mohammed 42
Licht-Finsternis Symbolik 43
Blutopfer 43
Banat Allah, Prophet Abraham und der erste Bildersturm (*Dschahiliya*) .. 44
Tawwaf, Kaaba 45
Zauberei 46
Kinder – Mädchentötung 46
Dschinn, Propheten Salomo und Noah, Dynamismus und Animismus 47
Prophet Jesus, „Vogelbelebung", Form 50
2.3. Lehre von Unnachahmlichkeit des Korans (*idschaz*)
     und Trinitätsglaube im Bezug auf das Bilderverbot 51
2.4. Überlieferung (*Hadith*)- *Sunna* und *Schia*, Konflikt, Gesetzgebung
     und Beziehung zum Bilderverbot 53
2.4.1. Rechtsschulen und Gesetzgebung 54

2.4.2. Innerschiitische Struktur und darauf basierende Lehren 55
Die Batanija 56
Der Muqanna 56
Die Ismailiten 56
Die Nusari 57
Die Assasinen 57
Die „Fünfer-Schia" 57
Die Bektaschija 57
Die Scheihi-Sekte 58
Die Ahbari 58
2.4.3. Gültigkeit und Rechtskräftigkeit der Überlieferung im Bezug auf das Bilderverbot (Sunna und Schia) 59
2.4.4. Sunnitische Überlieferung und das Bilderverbot 60
2.4.5. Schiitische Überlieferung und das Bilderverbot 63
2.5. Auslegung relevanter Themen für das Bilderverbot durch *Kalam* und Philosophie 66
2.5.1. Einleitende Darstellung der Lage in der islamischen Gesellschaft vor der Herausbildung der mutazilitischen Bewegung 68
2.5.2. Mutaziliten 70
Wesen Gottes, Prädestination 71
Das Böse (Prädestination), Allmacht und Unterschiede innerhalb der Bewegung im Bezug auf Eigenschaften Gottes 72
Die Schöpfung, Welt, Mensch-Seele 74
Der Mensch, das sittliche Handeln und der Glaube 75
Offenbarung und Vernunft 76
Koran - Wohlbewahrte Tafel 77
Tanasuh und das Leben nach dem Tod 78
Die Schulen von Bagdad und Basra (ab.ca.750) 78
Substanzlehre (Atomismus) der Mutaziliten als Vorstufe für Atomismus der Aschariten 80
Die Entstehung, Sein und Dauer der Substanz 80
Größe, Gestalt, Fähigkeiten und Bildung der Körper 80
Attribute 82
Bewegung, Trennung und Vereinigung der Substanzen 83
Die Richtung und Raumerfüllung der Atome 83
Das Nichtsein 84
2.5.3. Aschariten 85
Handlung („Aneignung", Willensfreiheit,Prädestination) 85
Attribute Gottes 86
Offenbarung 87
Atomismus der Aschariten 87
Ansichten von Al-Guwayni und Al-Ghazali (Kurze Darstellung relevanter Themen für das Bildderverbot) 91
2.6. Mystik und Buchstabensymbolik 92

2.7. Geometrie	94
2.8. *Halifa* (Statthalter Gottes) und *sheng* („Durchdringender") in Verbindung zum Bilderverbot	96

3. Die Entstehungszeit des Bilderverbots – Ein Versuch das Bilderverbot in der philosophisch-geschichtlichen Entwicklung zeitlich zu fixieren 97

3.1. Das erste islamische Bildersturm im Jahr 630	97
3.2. Rudi Paret These I (Fixpunkt 680)	98
3.3. Paret These II (Fixpunkt 720) und zweiter islamischer Bildersturm ausgerufen durch Yazid II	99
3.4. Wensinck These	100
4. Schlusswort	102
Glossar	105
Quellenverzeichnis	109

Umschrift und Aussprache

In der vorliegender Arbeit wurde eine Umschrift gewählt, die es ermöglicht die arabischen, persischen und türkischen Begriffe, zumindest annähernd, korrekt auszusprechen. Dabei wurde keine wissenschaftliche Umschrift streng durchgeführt, sondern vielmehr die Kombination einer vereinfachten Umschrift der Deutschen Morgenländischen Gesellschaft und Begriffe und Namen, bei denen sich eine deutsche Schreibweise eingebürgert hat (z.B. Mohammed statt „Muhammad"). Dennoch ist die Verwendung der Umschrift einiger spezifisch arabischer Laute unverzichtbar und daher erläuterungsbedürftig:

Buchstabe	Aussprache bzw. Umschrift
č	: tsch
dh	: wie englisch "this"
ğ(g)	: dsch
ch	: wird hart ausgesprochen: wie Chr
h	: ist immer ein hörbarer Laut, wie bei "Hund"
j	: in unserem Fall ist die normale angelsächsische Umschrift beibehalten mit j statt ğ bzw. Dsch (auch bei Eigennamen, z.B. Najram)
š	: sch
q	: dumpfes k, nicht als kw (Quraisch wie Kuraisch)
th	: stimmhafter Reibelaut, wie englisch "thing"
z	: als stimmhaftes s, wie bei

„Seide"

y : wie j

Bei Eigennamen wird *V* als *W* ausgesprochen (z.B. Vadd oder Suva). Geläufige Namen von Personen (z.B. Mohammed), Stätten (Medina, Mekka), Kultstätten (Kaaba) oder Begriffe wie „Allah" (Gott), sowie alle Eigennamen werden nicht zusätzlich (*kursiv*) betont.

Bei einigen, nicht geläufigen, Eigennamen wird Verschlusslaut ` (wie bei be`enden), und die in der Literatur am häufigsten benutzte Form der Namensschreibung, verwendet.

Vorwort

Dass es im Islam so etwas wie ein Verbot gibt, Menschen darzustellen, ist fotografierenden Touristen in verschiedenen Ländern schon einmal bewusst geworden. Wir haben auch vielleicht schon Bilder gesehen, auf denen der Prophet Mohammed zwar dargestellt ist, aber mit einem dichten Schleier vor dem Gesicht.
Doch könnten wir uns darüber wundern, wenn im TV die Porträts von Politikern oder geistlichen Würdenträgern gezeigt werden, die in islamischen Ländern anscheinend ebenso, und manchmal noch in auffallenderer Weise, im Straßenbild moderner Städte auftauchen als in Europa. Stammen denn die Fotos von Osama bin Laden alle von westlichen Spionen und sind sie denn geheim, gegen seinen Willen entstanden? War das vielleicht auch bei Khomeini der Fall? Oder ist das eben eine ganz neue Entwicklung, durch den Umgang mit modernen Techniken der Bilderzeugung bedingt? Aber wie sind dann die zierlich-schönen Miniaturen aus dem alten Persien oder aus der Mogulzeit in Indien zu erklären? Und haben wir nicht irgendwo das Porträt eines Sultans der Osmanen gesehen, gemalt von einem italienischen Renaissancemeister, realistisch im Stil seiner Zeit?
Was ist da eigentlich verboten und warum? Gibt es ein derartiges Verbot vielleicht im Koran? Oder erst in den Hadithen, von denen etwa 200 irgendwie mit dem Thema zu tun haben? Wie wird das Verbot denn begründet? Ist das Bildermachen allgemein verboten oder betrifft das nur die Darstellung von Menschen? Was sagen die arabisch-islamischen Philosophen dazu?
Almir Ibric hat sich solche Fragen gestellt, was eigentlich nahe liegt, wenn jemand als Muslim aus Bosnien kommt und in Österreich Philosophie und Kunstgeschichte studiert. Dennoch musste er bemerken, dass sich über diese Fragen noch nicht allzu Viele Gedanken gemacht hatten, und so lag es auch nahe, ihnen in einer Diplomarbeit nachzugehen. Nun liegt diese Arbeit vor.
Ibric ist bei seiner Suche auf spannende Themen gestoßen und hatte sich die Zusammenhänge oft erst selbst klar zu machen. Darum handelt das Buch von vorislamischen Gebräuchen und Anschauungen in Arabien, von Theologen und Atomtheoretikern in Bagdad zur Zeit der Kalifen, von Kalligraphen, die aus Schriftzeichen eine Welt von subtilen Bildern schufen und von Philosophen, die allerdings in dieser Sache merkwürdig schweigsam waren. All das wird aber nicht bloß der historischen Neugierde wegen ausgebreitet. Es geht auch nicht nur um die Erklärung bestimmter ästhetischer und künstlerischer Traditionen im islamischen Raum, wenngleich dazu hier viel zu erfahren ist. Es geht zuletzt um ein Verständnis des heutigen Islam und darum, ob der Glaube an die Aussagekraft von Bildern, die in unserer Welt so überwältigend gegenwärtig sind, so selbstverständlich ist, wie wir uns das gerne sagen lassen. Denn wenn ein Bild mehr sagt als tausend Worte, so kann es wohl auch mehr lügen.
Es war aber nie ein Kunstverbot mit dem Bilderverbot im Islam gemeint und selbst der Ausdruck „Bilderverbot" ist wohl stets als „sogenanntes" zu verstehen. Was das aber für die Weltsicht islamischer Menschen auch heute bedeutet,

ist keine triviale Frage. So kann dieses Buch zu einem besseren Verständnis des Islam beitragen und es sind ihm in diesem Sinn viele Leserinnen und Leser zu wünschen.

Franz M. Wimmer (Wien)

Einleitung

Das vorliegende Buch zum Thema des Bilderverbots im Islam entstand als Resultat der Untersuchungen auf diesem Gebiet, die ich aus Mangel an diesbezüglichen Schriftstücken in deutscher Sprache geschrieben habe.
Dabei beziehe ich mich hauptsächlich auf die Werke (bzw. Texte und Übersetzungen), die in Deutsch, Englisch und Bosnisch veröffentlicht wurden. Da ich der Meinung bin, dass das Thema des Bilderverbots im Islam auch Kulturen (Länder, Völker) betrifft, die nicht arabisch sind (so wie auch der Islam keine ausschließlich arabische Religion ist), führte ich meine Untersuchungen mit Hilfe der oben genannten Methode durch. Meine Arbeit ist somit die weltweit erste Zusammenfassung zu besagtem Thema. Dadurch hoffe ich auf eine neue Sicht der Dinge, auf eine neue Weise der Betrachtung dieses Gebietes islamischer Philosophie und Kunst, und, dass mir dies auch gelingen wird.
Die Arbeit handelt nicht (ausschließlich) von den Stil- Entwicklungen innerhalb islamischer Kunst, vielmehr werden diese Vorgänge beiläufig erwähnt. Die historischen Ereignisse oder Daten, die zu diesen Stil Entwicklungen geführt haben, werden genauso wenig behandelt. Was dieses Buch eigentlich untersucht, ist die Philosophie des Bilderverbots an sich.
Es werden die möglichen Tendenzen, die zu einem Bilderverbot geführt haben, erwähnt. Die vorislamische Zeit Arabiens wird betrachtet und relevante mythische Vorstellungen erörtert.
Im zweiten Teil des Buches werden die Quellen des Bilderverbots einzeln untersucht, Koran und Überlieferung wird zitiert und philosophische Thesen in Betracht gezogen. Allein der dritte Teil behandelt die Möglichkeit der zeitlichen Fixierung eines Verbots und bezieht sich direkt auf die geschichtlichen Ereignisse, die möglicherweise einen Einfluss auf die Entwicklung des Bilderverbots genommen haben.
Einige themenspezifische Daten werden als dem Leser bereits bekannt vorausgesetzt, aber gleichzeitig kann man durch dieses Buch eine Einführung in die islamische Religion und insbesondere in die Philosophie dieser Religion erfahren. Dies ist ein Grund warum ich versucht habe das Buch chronologisch anzuordnen, was mir größtenteils auch gelungen ist. Der erste Teil ist als ein „chronologisch angesetzter" zu betrachten, sowie auch der dritte Teil, während der zweite Teil ausschließlich die relevanten Themen (ohne „Einleitung") behandelt.
Ich weise ausdrücklich darauf hin, dass das vorliegende Buch eine erstmalige Arbeit dieser Art ist, eine erste Zusammenfassung bezüglich des Bilderverbots im Islam, und ein erster Versuch das besagte Thema aus einer juristisch-theologischen Ebene, wo es gewöhnlich behandelt wurde, in eine philosophische zu führen. Da mir die philosophischen Texte, die allein das Thema des islamischen Bilderverbots behandeln, unbekannt sind (bzw. bin ich der Ansicht, dass solche gar nicht existieren), wurden manche Absätze als „Aufklärungsabsätze" (wie z.B. zum islamischen Atomismus) zu Bilderverbotstheorien aufgebaut. Es handelt sich also um einen Versuch, die in der Literatur kurz gefassten Bilder-

verbotstheorien gründlich zu untersuchen, wobei ich tief in mögliche Entstehungsgeschichten (die auch philosophischer und kunsthistorischer Natur sind) zurückgehen muss, wodurch der Eindruck entstehen kann, dass eben diese Absätze nicht Themen bezogen sind. Darin liegt auch die eigentliche Schwierigkeit dieses Themas.

Dennoch hoffe ich eine interessante Abhandlung verfasst zu haben, die allen Philosophie- und Kunst-Interessierten, aber auch allen anderen Lesern neue Einblicke zu diesem Thema zu bieten vermag.

Im Voraus bedanke ich mich für alle Hinweise auf eventuelle, von mir verursachte und niedergeschriebene, Missverständnisse, Missdeutungen oder falsche Interpretationen.

1. Dschahiliya - „Die Zeit der Unwissenheit"
   Ursprünge des Bilderverbots im vorislamischen Arabien

1.1. Geistige und religiöse Strukturen

Wenn man sich dem Problem des Bilderverbots nähern möchte, ist es unvermeidlich sich einen Überblick über die vorislamische Zeit, die die Araber auch als „Die Zeit der Unwissenheit" (*Dschahiliya*) bezeichnen, zu verschaffen. Denn schon damals entwickelten sich die Grundlagen für das spätere sogenannte Bilderverbot.

Ende des 5.Jh. waren weite Teile Arabiens im Inneren der Halbinsel unbevölkert. Die Bauern und die angesiedelten Stadtansässigen (*Hadrewi*)[1] bildeten die eigentliche Bevölkerung. Ihre Lebensinteressen galten den fruchtbaren Landesteilen, die die Randgebiete der Halbinsel ausmachten.

Erst mit der Viehzucht, vorwiegend der Kamelzucht, wagte man sich in die inneren Gebiete vor, vorwiegend um sich damit Abkürzungen zu anderen Gemeinden zu verschaffen. So entwickelte sich mit der Zeit auch ein Nomadenleben der herumziehenden Beduinen (*Badewi*),[2] die Kamelzucht und Handel zu ihren Lebensinteressen machten. Man entfernte sich zunehmend von „zivilisierten" Gebieten in Richtung des Wüstenlandes und somit auch von bislang vorherrschenden moralischen und gesetzlichen Vorstellungen. Es bildeten sich Stämme, die in kleineren Gruppen durch das Land zogen und somit langsam das Innere der Halbinsel bevölkerten. Diese Nomadenstämme nannten sich *qaum* (Volk) und bildeten vorwiegend kleinere Gruppierungen. Der Grund da
für war, dass ihr hartes Leben in der Wüste oft durch Hunger bedroht war. Sie mussten aber auch mit anderen Stämmen ums Überleben kämpfen. Kleinere Gruppen waren leichter zu ernähren, nur im Kampf waren sie im Nachteil.
Auf der Grundlage der Blutsverwandtschaft sicherten sie ihre Organisationsstrukturen. Was sie vereinte war die Gemeinsamkeit der Abstammung,[3] sie nannten sich beispielsweise *bani* bzw. *banu Hassan* (Söhne von Hassan). Größere Stämme bildeten sich fast nie und wurden immer aufs Neue durchstrukturiert, weil man dadurch eine bessere Machtkontrolle ausüben konnte. Es waren also primitive Strukturen, die das Überleben in der Wüste sicherten.
Die vorherrschende Ideologie war der *muruwah*,[4] was man mit „Mannestugend" übersetzen könnte. *Muruwah* ist ein Begriff, der auch Tapferkeit im Kampf, Geduld in jeder Lebenslage und die Entschlossenheit bezeichnet. Durch den *muruwah* sollte auch die Ungerechtigkeit zwischen den Stammesangehörigen ver-

---

[1] Karabacek, Joseph: Das angebliche Bilderverbot des Islam. Ein Vortrag gehalten im Bayerischen Gewerbemuseum in Nürnberg am 7.Feb.1876, S.5.
[2] Ebd.
[3] Armstrong, Karen: Muhammad - Religionsstifter und Staatsmann, München 1995, S.71
[4] Ebd.

mieden und sichergestellt werden, den schwächeren Angehörigen zu helfen und in allen Lebenslagen den Stammesangehörigen Hilfe zu leisten. Der *muruwah* war innerhalb des Stammes die vorherrschende Ideologie, aber außerhalb gab es keine verpflichtende Gesetzgebung und es herrschte ein harter Überlebenskampf. Diese Ideologie gab den Nomaden eine Vision, durch die sie einen Sinn im Leben erkannten und somit erfüllte der *muruwah* auch die religiöse Funktion innerhalb des Stammes. Es war aber eine rein irdische „Religion" und an den Stamm selbst gebunden. Die Araber hatten keine präzise ausgebildeten Vorstellungen im monotheistischen Sinn, nämlich von einem Leben nach dem Tod oder von der Ewigkeit und Endlichkeit der Menschheit.[5] Nur der Geist des Stammes sollte ewig bleiben und das konnte man nur erzielen, indem man sich an der *muruwah* hielt.

Wichtige Eigenschaften des *muruwah* waren auch Großzügigkeit und Gastfreundschaft, mit denen sich die islamisch geprägten Länder bis heute gerne schmücken. Ein Stammesanführer zeigte gerne seine Gastfreundschaft, was ihm in schweren Zeiten selbst wieder hilfreich sein konnte. Das alles mündete in einen gewissen Pragmatismus.[6] Der Materialismus war fehl am Platz, obwohl man annehmen könnte, dass Reichtümer eine gewisse Sicherheit bieten würden. In der Wüste aber war das nicht der Fall.

In Bezug auf die Vorherbestimmung und die Zeit waren die Araber der Ansicht, dass man nichts tun kann, um den Zeitraum (*adschal*) eines Menschenlebens zu verlängern oder eine sichere Vorsorge (*rizq*), beispielsweise in Form von Vorräten, zu treffen.[7] Diese Vorstellungen sind bei der Frage nach der Prädestination und der diesbezüglichen Verbindung zum Bilderverbot wichtig. Das Leben des Einzelnen an sich war nicht viel wert, nur die Gemeinschaft (Stamm). Es gab nichts Unmoralisches in der Vorstellung jemanden umzubringen. Nur Gewaltausübung innerhalb des Stammes war unüblich, weil man dadurch seine eigene Existenzgrundlage gefährdete, indem man die Anzahl der Stammesmitglieder senkte. In dieser Situation war die Blutrache der einzige Weg, eine minimale Sicherheit zu schaffen. Somit war ein Gesetz geschaffen, das gewisse Grenzen setzte. Als Vergleichsbeispiel für die Funktionalität dieses Systems kann man eine Parallele zum heutigen Albanien ziehen, wo Blutrache immer noch praktiziert wird. Weil der albanische Rechtsstaat versagt hat, aus Gründen die ich hier übergehe, kehrte man zu Urgesetzen zurück, die in die Stammeszeitalter zurückreichen. Damit schafft man ein Minimum an sozialer Sicherheit in einer katastrophalen Lage.

Dadurch war für alle Stammesmitglieder klar, dass jeder „austauschbar" ist. Mit diesem System wurde eine „Machtwaage" geschaffen, die ein gewisses Nebeneinanderleben ermöglichte. Auch Raubzüge gehörten zum Alltag. Man vermied dabei jedes Blutvergießen, um sich dadurch nicht in Blutrache zu verwickeln. Als unmoralisch galten die Raubzüge aber nicht.[8] Die Ideologie des *muruwah*

---

[5] Ebd.
[6] Ebd., S.72
[7] Ebd.
[8] Ebd., S.73

kannte keinen Adel. Ein Stammesanführer konnte seinen Sohn nicht als Nachfolger einsetzen, falls dieser nicht der Beste für diese Aufgabe war. Der *Muruwah* schuf ein demokratieähnliches Wahlrecht, dem das darwinistische „Dschungelgesetz" („nur der Starke überlebt") zu Grundlage lag. Wie primitiv dieses System war, zeigt die skurrile „Geburtenkontrolle",[9] die sich meistens gegen Mädchen wendete. Weil Mädchen das Säuglingsalter häufiger als Jungen überlebten, wurden sie oft umgebracht, da sie als „schwach" und „unselbständig" galten. Frauen waren eine Art „Besitz" und wurden wie Sklavinnen behandelt.

Aus diesen Lebensstrukturen ist ersichtlich, dass sich die Araber zu dieser Zeit eine Religion im üblichen Sinne nicht vorstellen konnten. Dafür waren die Lebensgewohnheiten zu sehr am Überlebenskampf orientiert. Eine zweite Ideologie, die die Rolle der Religion übernommen hatte, war die Dichtkunst. Dichter waren sehr angesehen, besonders wenn man sich den Analphabetismus, der zu dieser Zeit weit verbreitet war, vor Augen hält.

Dichter trugen ihre Geschichten vor und waren diejenigen, die das höchste Gut eines Stammes richtig ins Bild rücken konnten - den Ruhm des Stammes. Alles, worauf der *muruwah* ausgerichtet war, konnte man den Betreffenden durch die Dichtkunst vortragen. Die Dichter spielten dabei nicht nur eine informative Rolle, die man heute mit jener der modernen Medien vergleichen könnte, sondern stellten auch etwas Mystisches dar, weil man in ihnen eine Verbindung zu magischen Kräften sah. Dichter, so glaubte man, wären in direktem Kontakt mit *Dschinn*, den Geistern, die die arabische Halbinsel bevölkerten. Dichter erfüllten die Funktion der Priester oder Propheten und waren außerordentlich einflussreich. Das ging so weit, dass ein von einem Dichter verfluchter Stamm sehr leicht vernichtet werden konnte. Dies begründet sich im Glauben und der Angst ihrer Mitmenschen, sich mit dem „Verfluchten" einzulassen.

Dichter sind aber nicht mit *Kahin* gleichzusetzen, obwohl diese ein ähnliches Auftreten hatten. Im Unterschied zu den Dichtern waren sie allerdings als die „Hüter" der Götter, jedoch auch als Priester, in praktischem Sinne, anerkannt. Sie waren „Vermittler" bei einem „Gottesdienst", aber auch als Wahrsager tätig (mit der Verbindung zu den *Dschinn*).

Die *Kahin* oder „verzückten Propheten"[10] wurden aber auch als „nicht sehr beliebt" eingestuft, was wahrscheinlich daran liegt, dass sie als „Vermittler" einen Teil der Opfergaben selber beanspruchten.

Der Glaube an *Dschinn* sowie an *Allah* (ein Gott, allerdings nicht im islamischen Sinne), war schon vorhanden. Der Begriff für Gott lautete *ilah* (Gottheit), später *al-ilah* (der Gott), und zur Zeit Mohammeds wurde er zusammengezogen zu *al-lah*.[11]

Obwohl die Götzen mit Aufkommen des Islams im Laufe der Geschichte verschwanden, blieb der Glaube an *Dschinn* oder, wie Wellhausen es nennt, an die

---

[9] Ebd.
[10] Ebd., S.75.
[11] Hattstein, Markus: Der Islam - Weltreligion und Kulturmacht, in: Hattstein, Markus u. Delius, Peter (Hg.), Islam - Kunst u. Architektur, Köln 2000, S.13.

„Alltagsreligion" erhalten.[12] Dabei stand *Allah*, so glaubte man, in der Beziehung zu den *Dschinn* wie ein König zu seinen Untertanen.

Dschinn ist ein arabisches Gattungswort und mit dem Begriff für Dämon[13] vergleichbar. Als eine logische Folgerung geistiger Entwicklung der „Stammesreligion" sind die *Dschinn* mit Menschen zu vergleichen, weil die *Dschinn* auch nur als Gruppe agieren und weil bei ihnen ihre dämonische Gattung wichtiger ist als der Einzelne (Vergleiche mit *muruwah*). Dschinn sind Geister, bestehn nicht aus Fleisch und Blut und befinden sich trotzdem auf der Erde. Sie können verletzt werden, sie trinken und essen, sie helfen den Menschen oder aber sie arbeiten gegen sie.[14] Sie können ihre Gestalt wechseln, sterben und können wieder belebt werden.[15] Durch okkulte Praktiken kann man sie herbeirufen und, vergleichbar mit der Voodoo-Magie, gegen jemanden einsetzen. Sie verteidigen ihr Geschlecht gemeinsam, und wie bei *muruwah*, führen sie Blutrache aus. Sie lieben Schmutz und sie essen Dreck.[16] Durch Pfeifen kann man sie herbeirufen; deshalb vermeiden die Araber das Pfeifen, um sie nicht anzulocken.[17] Diesen Brauch kann man heute noch unter den moslemischen Teilen der Bevölkerung Bosniens beobachten, wohin der Brauch von Arabien aus über die Türkei gelangt war. Heute hat er keinen hohen Stellenwert mehr, trotzdem ist er nachweisbar.

Dschinn treiben ihr Unwesen am liebsten nachts. Tiere vermögen sie aufzuspüren[18] und können die Menschen vorwarnen. Diese Vorstellung deckt sich mit Erkenntnissen moderner Medizin, in der für die Früherkennung eines epileptischen Anfalls speziell dafür ausgebildete Hunde eingesetzt werden. *Dschinn* sind aber auch in der Lage Krankheiten zu verursachen, insbesondere den Wahnsinn. Bei Sonnenaufgang verschwinden sie. Sie können aber auch in Tieren „wohnen", vorzugsweise in Raben oder Eulen. Für alles, was nicht „natürlich" erscheint, sind die *Dschinn* verantwortlich.[19] Oft greifen sie die Menschen von außen an, aber sie können auch im Menschen selbst leben.[20] Die Menschen können also Wohnstätten (*Manhal*) für die *Dschinn* sein[21] und somit von ihnen in jeglicher Beziehung beeinflusst werden. Wie bereits erwähnt, haben die *Kahin* eine Verbindung zu den *Dschinn*, daher kommt ihr Können als Zauberer und Wahrsager. Auch Musiker,[22] d.h. Künstler im allgemeinen, sind in ihrer künstlerischen Begabung von einem in ihnen wohnenden *Dschinn* beeinflusst. Aus diesem Glauben entstand mit der Zeit eine Verallgemeinerung dieser Vorstellungen, aus der die darauf bezogene, religiöse Philosophie entwickelt wurde. Dar-

---

[12] Wellhausen, J.: Reste arabischen Heidentums, Berlin 1897, S.148.
[13] Ebd.
[14] Ebd.
[15] Ebd.
[16] Ebd.
[17] Ebd.
[18] Ebd., S.151.
[19] Ebd., S.155.
[20] Ebd., S.156.
[21] Ebd.
[22] Ebd.

aus resultierte die Auffassung, dass in jedem Menschen ein *Dschinn* wohnt.[23] Die Seele des Menschen ist vom Leibe zu trennen und erscheint als ein Doppelgänger des Menschen.[24] Die Menschenseele wurde also als *Dschinn* betrachtet bzw. die *Dschinn* als „abgeschiedene Menschenseelen".[25] Mehr zu diesem Thema und diesbezüglichem Zusammenhang zum Bilderverbot steht im zweiten Teil.

1.2. Adammythos und Götzenwelt

Da das Bilderverbot mit dem Polytheismus untrennbar zusammenhängt, ist es notwendig sich in diesem Bereich auch einen Überblick zu verschaffen. Etwa hundert Namen für hundert verschiedene Stammesgötter sind der Wissenschaft bekannt,[26] die alle gemeinsam den monotheistischen Religionen gegenüberstanden. Um einen Einblick in die „Götterwelt" zu bekommen, werde ich ein paar bekannte Gottheiten und den eigentlichen Ursprung der Götzenanbetung zu erklären versuchen.

Der Ursprung der polytheistischen Struktur in der vorislamischen Gesellschaft Arabiens ist wahrscheinlich auf den „Adammythos" zurück zu führen, vermischt mit Kulten und Götterwelten alter semitischer und benachbarter Kulturen, und wird durch diese Mythologie und historisch-archäologische Forschungsergebnisse begründet. Die Sage aus dem „Götzenbuch"[27] schildert Adam (nach islamischer Auffassung der erste Mensch) so:

Nachdem Adam gestorben war, wurde er, der Legende nach, vom Volk *Banu Scheth* in einer Höhle am Berg Nod im Land Hind beigesetzt. Das war der Berg, bei dem er nach der Vertreibung aus dem Paradies abgesetzt wurde. Die *Banu Scheth* verehrten Adams Grabstätte, indem sie um diese Umrundungen (Umlauf) machten. Dabei baten sie um Gottes Gnade für Adam mit dem Ziel, selbst mit Gott eine Einheit zu werden. Der benachbarte Stamm *Banu Qabil* machte es ihnen nach und verehrte die eigenen verstorbenen Mitglieder des Stammes, die Zeit ihres Lebens sehr angesehen gewesen waren. Sie gingen aber noch weiter, indem sie fünf Götzenbilder anfertigten, die von den fünf „Rechtschaffenen" nachgeahmt wurden.

Vadd, Suva, Jaghuth und Ja`uq wurden von den Arabern für die ersten Götzenbilder der Weltgeschichte gehalten.[28] Sie waren aus Holz, Gold, Silber (unter einem Begriff *Kanam* zusammengefasst) und Stein (*Vathan*) gefertigt und waren so aufgestellt, dass man sie, als Zeichen der Vereh-

---

[23] Ebd.
[24] Ebd.
[25] Ebd., 157.
[26] Karabacek, J.: Angeblicher Bilderverbot., S.5.
[27] Wellhausen, J.: Reste., S.14.
[28] Ebd., S.14.

rung, umrunden konnte.²⁹ Mit der Zeit wurde die Verehrung immer größer und man begründete die Weiterverehrung mit Rückbesinnung auf die Tradition und die Vorfahren. Auf dieses Festhalten an der Tradition der Vorfahren, in Bezug auf die Götzenverehrung, werde ich später, im Zusammenhang mit der Koranischen Offenbarung und den darin erhaltenen Verboten, zurückkommen.

Nach drei Generationen wurde Henoch von Gott geschickt, um die Menschen von der Götzenverehrung abzubringen. Nach seinem Misserfolg und einige Jahrhunderte später, im Alter von 480 Jahren, wurde Noah gesandt, um sie nochmals vor der Götzenverehrung zu warnen. Nach erneutem Missglücken schickte Gott die Große Flut und rettete Noah in der bekannten Geschichte. Durch diese Flut aber wurden die fünf Götzenbilder vom Wasser mitgerissen und vom Berg Nod nach Gudda, dem Mekkanischen Hafen, mitgetragen, wo sie an die Küste gespült wurden. Mit der Zeit wurden sie vom Sand überdeckt.

Durch eine dämonische Eingebung wurde Amr b. Luhai (der aus einem der herrschenden Stämme Mekkas stammte) auf die begrabenen Bilder aufmerksam und er grub sie aus. Aufgrund seines Einflusses als *Kahin* brachte er seine Leute dazu, die Götzenbilder zu verehren.

Schnell übernahmen auch die restlichen Stämme den Kult und verehrten die gleichen Götter, indem sie ähnliche Steine fanden und ihnen die gleichen Namen gaben.

Der Kult entfernte sich mit der Zeit von diesen ursprünglichen Götzen und fand seine Fortsetzung in alternativen Gottheiten, die häufig nur „schöne" Steine waren, aber auch verschiedene alltägliche Gegenstände.

Der „Adammythos" enthält, neben der Legende über die Entstehung der arabischen Götzenwelt, eine Spiegelung der Stärke der „Volksreligion" (Glaube an *Dschinn*), aus der ersichtlich ist, wie einflussreich dieser Geisterglaube war. Im entscheidenden Moment wird die Schlüsselperson durch *Dschinn* inspiriert und so kommt es zu neuen Erkenntnissen (Götzen werden gefunden), die ein Volk zum Guten bzw. Bösen führen sollte. Dieser Glaube an Entscheidungskraft und Stärke der Inspiration, die bei den Geistern liegt, ist wichtig für die Betrachtung unseres Themas, da die Geister als Inspirationsquelle für Künstler betrachtet werden.

Der Kult um Gott Vadd hielt sich bis zum Islam. Nach einer Beschreibung seines Aussehens heißt es über Vadd: „Er war gebildet wie ein sehr großer Mann und zwei Gewänder waren auf ihm angebracht (gemeißelt oder gemalt), eins als Unterkleid, eins als Überwurf; er hatte ein Schwert um und einen Bogen auf der Schulter, vor sich einen kurzen Speer mit einer Fahne, und einen Köcher mit Pfeilen".³⁰ Auch von den Sabäern soll er verehrt worden sein. Nach archäologischen Befunden und daraus entstandenen Forschungsergebnissen wird Vadd (häufig als „Wadd" geschrieben) als mináische Gottheit beschrieben (eine

---
²⁹ Ebd., S.15.
³⁰ Ebd., S.16.

Schlange als Symbol für Vadd taucht in minäischen Inschriften auf).[31] Andere Beispiele archäologischer Forschung auf diesem Gebiet lassen vermuten, dass die Götter aus dem Süd-Osten Arabiens einen babylonischen, und die aus dem Nord-Westen einen arabisch-kanaanitischen Ursprung haben.[32] Eine vollständige Erklärung wird wohl kaum möglich sein.

Suva wurde in Ruhat, drei Kilometer von Mekka entfernt, vom Stamm Hudhail verehrt. Jede „Verehrung" bedeutete gleichzeitig, dass ein Stamm eine „Schutzfunktion" seiner Gottheit zur Aufgabe hatte.

Jaghuth wurde von den Stämmen Madhig, und teilweise von Murad verehrt und befand sich im Jemen auf einem Berg namens Madhig.[33]

Ja'uq wurde vom Stamm Hamdam verehrt und befand sich in Chaivan. Sein Name bedeutet: Bewachender, Achtender oder Bewahrender.[34]

Gott Nasr, dessen Name „Adler" bedeutet, wurde im Süden, aber auch im Norden Arabiens verehrt; auch in jüdischen und christlichen Schriften hat man ihn als „arabischen Gott" nachgewiesen.[35] Weitere Götzen, die man im Hinblick auf die bildende Kunst erwähnen kann, sollten nicht vergessen werden. Als erstes ist Dhu Lchalaca zu erwähnen.

Im bereits zitierten „Götzenbuch" findet sich folgende Beschreibung dieser Gottheit: "Es war ein weißer Stein (*marwa*), worauf eine Art Krone gearbeitet war; er stand in Tabala, sieben Tagesreisen südlich von Mekka."[36] Diese Gottheit wurde von Banu Umama von Bahila verehrt. Aufgrund seines Namens wird vermutet, dass es sich dabei um einen mit Schlinggewächs (*chalacha*) umrankten Stein gehandelt haben soll.[37]

Auch andere Gottheiten bekamen ihre Namen bzw. Spitznamen durch ihr Aussehen oder ihre Requisiten verliehen. Umgekehrt benannten sich die Stämme nach ihren Gottheiten und bezeichneten sich gerne als deren Söhne. Aufgrund der Familiennamen war die Forschung in der Lage einige dieser Gottheiten auch zeitlich, oder zumindest örtlich, zu bestimmen.

Dhu Lschara wurde von Banu Lharit verehrt und findet sich auch in nabatäischen Inschriften als „Dusares von Petra und Bosra" wieder.[38] Ursprünglich war es ein viereckiger unbehauener Stein, der in einem Tempel in Petra aufgestellt war,[39] dessen „Kopien" an vielen Orten verbreitet wurden. Diese Gottheit wird aufgrund ihrer Eigenschaften, die in Arabien nachträglich von der kanaanitisch -

---

[31] Grohmann, Adolf: Göttersymbole und Symboltiere auf südarabischen Denkmälern, in: Denkschriften der kaiserlichen Akademie der Wissenschaften in Wien, 58.Band, 1.Abhandlung, S.5., Wien 1914.
[32] Weber, Otto: Arabien vor dem Islam, Leipzig 1904, S.7.
[33] Wellhausen, J.: Reste., S.19.
[34] Ebd, S.23.
[35] Ebd., S.23.
[36] Ebd., S.45.
[37] Ebd., S.47.
[38] Ebd., S.48.
[39] Ebd., S.49.

aramäischen Kultur beeinflusst wurden, dem griechischen Dionysos gleichgesetzt.[40]

Es handelt sich also um eine tief verzweigte Ausbildung der Gottheiten und ihrer Eigenschaften, die von allen Völkern, die sie verehrten oder hervorgebracht haben, im Verlauf der Zeit mitgetragen wurde, wodurch immer wieder etwas „Neues" entstand.

Es entstanden Götzen, deren Ursprung nur selten zu bestimmen ist und je älter sie sind, desto komplizierter ist es auch die mythologischen und historischen Hintergründe zu entziffern.

Die Angaben über Al Fals, der möglicherweise aussah wie ein Fels in Menschengestalt und sich in einem „Hause Gottes" befand,[41] in dem auch Schwerter, Panzer und Kleider herumlagen,[42] sind sehr unterschiedlich. Nach einem zweiten Bericht[43] ist von einem Vorsprung in menschlicher Gestalt, im Berg Aga, die Rede. Darin ist auch die religiöse Architektur erwähnt worden, die aber nicht nur in diesem Fall nachweisbar ist, sondern später auch durch archäologische Befunde. Bei den „Häusern Gottes" handelte es sich um einfache überdeckte Behausungen in menschlicher Größe, wahrscheinlich ohne irgendwelche Zeichnungen, die kleineren Altären ähnelten. Man stellte die Götzen aber auch in Höhlen, die als „Häuser Gottes" dienten. Jedenfalls ist als sicher anzunehmen, dass die sakrale Architektur, wenn auch in primitiv ausgeprägter Form, existent war.

Al Galsad, dessen „Hüter" die Banu Schukama waren, sah aus wie ein „Mannesrumpf aus weißem Stein"; der Kopf war schwarz, mit fast nicht erkennbarem Gesicht.[44]

Manaf, der auch in Mekka und vor allem vom Stamm Hudhail verehrt wurde, ist auch in den Namen der Araber nachweisbar, so wie fast alle anderen Gottesnamen.

Al Muharriq, auch als „Verbrenner"[45] bezeichnet, Nuhm, der von Muzaina gehütet,[46] und Gott Ruda, der von Banu Rabi`a verehrt wurde,[47] sowie Sa`d aus der bereits erwähnten Gegend Gudda, die weibliche Göttin Schams vom Stamm Banu Tamim, Su`air bzw. Sa`ir vom Stamm der `Anaza, der in Menschengestalt mit Kleidern beschrieben wird:[48] Dies sind nur einige Beispiele aus der ganzen Vielfalt an Götzen aus der vorislamischen Zeit.

Die aus der Literatur wohl bekanntesten Gottheiten dieser „Zeit der Unwissenheit", nicht zuletzt deswegen, weil sie im Koran auch namentlich erwähnt wurden, waren: Als männlicher Gott, Hubal, und weibliche Gottheiten al-Uzza,

---

[40] Ebd., S.50.
[41] Ebd., S.53.
[42] Ebd.
[43] Ebd.
[44] Ebd., S.54.
[45] Ebd., S.57.
[46] Ebd., S.58.
[47] Ebd
[48] Ebd., S.63.

al-Lat und Manat, die auch „Töchter Allahs" (im Sinne eines Stammgottes und nicht in einem monotheistischen) genannt wurden.
Die „Töchter Allahs" (*Banat Allah*) befanden sich in unmittelbarer Nähe von Mekka.

Im Taif wurde die Stammesgöttin al-Lat, vom Stamm Thaqif, verehrt. Al-Lat war ein „viereckiger Felsblock, bei dem einst ein Jude Grütze zu schroten pflegte"[49] und daraus leitet sich ihr Name (al-Lat bedeutet „Der Grützenmacher") ab.[50] Sie wurde von Verehrern auch als *al-Rabba*, die „Herrin", bezeichnet.[51] Es war ein weißer Stein mit kopfähnlichem Gebilde.[52] Unter dem Stein befand sich eine Grube, *Dschabhab* genannt, die der Göttin als Schatzkammer diente.[53]
Wie bereits im 5.Jh. v.Chr. archäologisch belegt, wurde sie zwischen dem 1. und 3. Jahrhundert n.Chr. im nordostarabischen Raum als Mutter (der Götter)[54] und Fruchtbarkeitsgöttin verehrt.[55]
Viele Eigennamen gehen auf al-Lat zurück, auch wenn diese mit der Zeit in „Allah" umgewandelt wurden.[56]
In Hurand im Tal von Nachlah befand sich das Heiligtum der al-Uzza („Die Mächtige"), die vor allem vom Stamm Quraisch hochverehrt wurde.[57] Über dieser steinernen Göttin befand sich ebenfalls eine sakrale „Architektur" aus Samurabäumen bzw. Palmen, die jedoch nicht heiliger als andere Bäume waren.[58] Sie ist jünger als al-Lat und Manat zu datieren und war der Venus geweiht. Dies wird auch im 5.Jahrhundert von Isaak von Antiochia erwähnt, der in der Geschichte über die Verwüstung der mesopotamischen Stadt Beth-hur die Göttin Beltis (die der Venus geweiht war) mit al-Uzza gleichsetzt.[59] Auch der Name „Kaukabta", der bei den Syrern und Juden als Bezeichnung für den Planet Venus gebräuchlich war, wurde für al-Uzza benutzt oder mit al-Uzza gleichgesetzt.[60] Außerdem wird ein „Goldenes Bild" der Venus mit al-Uzza in Zusammenhang gebracht, das bei einer christlichen Taufe geschmolzen wurde.[61] Trotz Orgien sexueller Natur, die in Verbindung mit Verehrung der al-Uzza stattgefunden haben sollen, kann man al-Uzza nicht deswegen mit der „Göttin der Liebe" gleichsetzen, sondern vielmehr, weil der al-Uzza Venusstern heilig war.[62] Bei der Herausbildung dieser Gottheit kam es wahrscheinlich zur Vermischung

---

[49] Ebd., S.29.
[50] Ebd.
[51] Armstrong, K.: Muhammad., S.79.
[52] Wellhausen, J.: Reste., S.31.
[53] Ebd.
[54] Ebd., S.32.
[55] Bobzin, Hartmut: Mohammed, München 2000, S.54.
[56] Wellhausen, J.: Reste., S.32.
[57] Bobzin, H.: Mohammed, S.54.
[58] Wellhausen, J.: Reste., S.34-38.
[59] Ebd., S.40.
[60] Ebd.
[61] Ebd., S.42.
[62] Ebd., S.44.

des arabischen Glaubens mit fremden Einflüssen von außerhalb und somit zu einer Verbindung der planetaren al-Uzza mit der Venus.[63]
Am See bei Qudayd beim Berg al Muschallal[64] Manat, die Göttin(das Femininum erklärt sich aus dem Wort für Stein „*Kachra*", das feminin ist)[65] des Schicksals (auch in nabatäischen Inschriften von Higr nachgewiesen, wo sie zwei Mal vorkommt),[66] vom Stamm Chazradsch[67] verehrt. Manat besaß eine Schere, mit der sie den Menschen die Schicksalsfäden abschnitt,[68] und zusätzlich zwei ihr geweihte Schwerter.[69] Sie wurde für die älteste Gottheit gehalten.[70] Der Grund dafür ist, dass sie in der Genealogie als Eigenname früher zu datieren ist, als die Namen, die mit al-Lat und al-Uzza zusammenhängen.[71] Eine Manat-Kopie wurde von Amr b.Luhai nach Mekka gebracht und bei der Kaaba aufgestellt, wo sie unter anderem angebetet wurde.[72] Bilder von Manat wurden auch im Privatbesitz „der Edlen von Medina"[73] erwähnt. Auch die Stämme Azd und Ghassan verehrten diese Göttin und machten *Hadsch* für sie.[74]

Die „Töchter Allahs" wurden in ganz Arabien verehrt und waren wichtiger als alle männlichen Götter, ausgenommen Allah.[75] Die Araber hatten aber keine Mythologie entwickelt, die mit den griechischen Göttermythen vergleichbar wäre. Die Bedeutung der „Töchter" Gottes hieß nicht unbedingt, dass sie „Bestandteile eines umfassenden Götterhimmels"[76] waren. Die Araber benutzten einfach nur ähnliche Begriffe, um etwas Abstraktes zu beschreiben. „Banat Allahs" könnte auch „göttliche Wesen" bedeuten.[77] Es handelte sich dabei nicht nur um ausgebildete Statuen in Form von Skulpturen,[78] sondern auch um aufgerichtete Steine, die als Götzen dienten. Die Araber verehrten diese Steine nicht auf eine banale Weise und reduzierten ihren Glauben nicht auf symbolische Opfergaben, sondern sahen in den Steinen göttliche Erscheinungen.[79] Auf diesen Steinen befanden sich oft Ritzzeichnungen[80] mit einfachen Darstellungsformen. Üblich

---

[63] Ebd.
[64] Ebd., S.27.
[65] Ebd., S.25.
[66] Ebd., S.28.
[67] Bobzin, H.: Mohammed, S.54.
[68] Weiss, Walter M.: Islam - DuMont Schnellkurs, Köln 1999, S.11.
[69] Wellhausen, J.: Reste., S.26.
[70] Bobzin, H.: Mohammed., S.54.Ebd., S.25.
[71] Wellhausen, J.: Reste., S.29.
[72] Ebd., S.25.
[73] Ebd., S.28.
[74] Ebd., S.28.
[75] Ebd., S.24.
[76] Armstrong, K.: Muhammad., S.80.
[77] Ebd.
[78] Ebd.
[79] Ebd.
[80] Bei primitiv entwickelten Völkern übliche Form der Darstellung. Als Vergleichbeispiel erwähne ich Höhlenzeichnungen, Zeichnungen australischer Ureinwohner oder ein Beispiel aus dem Bardo-Museum in Tunis, dessen Abbildung in: Hattstein, Markus u. Delius, Peter

waren Darstellungen jener Tiere, von denen der betreffende Stamm lebte oder, wie wir bereits gesehen haben, alltäglicher Gegenstände, die sich direkt oder indirekt auf die Eigenschaft der Gottheit bezogen (vgl. Schere bei Manat). In der Forschung existieren auch Thesen, die einen Ursprung dieses Glaubens in der altsemitischen Verehrung der Kriegsgöttinnen Anat und Ischtar sehen.[81]

Von einem Überlieferer namens Abu Ridscha erfahren wir folgendes: "Wir beteten Steine an, und wenn wir einen schöneren Stein fanden als der war, welchen wir anbeteten, warfen wir den alten weg und nahmen den neuen. Wenn wir aber keinen Stein fanden, sammelten wir die Erde und melkten ein Schaf darauf, damit es ein Klumpen werde, dann gingen wir um denselben rum".[82] Sogar Brot wurde als eine Gottheit angebetet.[83]

1.3. Kaaba in Mekka als Mittelpunkt der Götzenverehrung

Das wichtigste aller Heiligtümer im vorislamischen Arabien war zweifellos die Kaaba (Würfel) in Mekka, wo die Götzen der Araber ausgestellt waren. Es waren 360 an der Zahl, für jeden Tag im Jahr stand eine Gottesstatue. Man richtete sich dabei nach alten sumerischen Religionen und Traditionen. Außerdem bestand das sumerische Jahr aus 360 plus 5 Tagen, der „Zeit außerhalb der Zeit".[84] Diese 5 Tage wurden durch den Hadsch symbolisiert.

Hadsch ist die Wallfahrt zur Kaaba (die aber auch für andere Gottheiten außerhalb Mekkas durchgeführt wurde, wie ich bereits erklärt habe), bei der man durch rituelle Tätigkeit bei den Göttern um Gnade bittet und weitere religiöse Aufgaben verrichtet. In dieser Zeit (5 Tage) und in einem Umkreis von 30 Kilometern um die Kaaba herum waren die Gesetze der Blutrache aufgehoben, was von allen Stämmen (Pilgern) respektiert wurde. Diese gewaltfreie Zone in Mekka hieß *Haram*.[85]

Das ist ein wichtiger Moment in der gesellschaftlichen Entwicklung, weil dieses „ungeschriebene Gesetz" eine positive Atmosphäre schuf, die auf die Psyche der Araber einwirkte. Trotz des „draußen" existierenden Überlebenskampfes gab es für jeden die Möglichkeit zumindest einmal im Jahr zu entspannen, zu meditieren und zur Ruhe zu kommen. Bis heute wurde nicht festgestellt, aus welcher Zeit die Rituale, die man in der Kaaba verrichtete (und teilweise heute immer noch verrichtet) stammen oder auf welcher Tradition sie beruhen.

(Hg.): Islam - Kunst u. Architektur, Köln 2000, S.11, zu sehen ist, auf dem Traditionen dieser Kunstformen dargestellt sind.
[81] Armstrong, K.: Muhammad., S.80.
[82] Karabacek, J.: Angebliches Bilderverbot., S.6.
[83] Ebd.
[84] Armstrong, K.: Muhammad., S.77.
[85] Wellhausen, J.: Reste., S.78.

Neben dem „Adammythos" aus dem „Götzenbuch" glaubt man, dass *Hadsch* auf die primitive Form der Sonnenanbetung zurückgeht, weil *Hadsch* im Herbst verrichtet wird, um somit vielleicht die Regenfälle herbei zu beschwören.[86]
Abraham, der im Bezug auf „Gottessucher" erwähnt wird, gilt als der Erbauer der Kaaba. Der Prophet Mohammed, der sich mit der Gruppe Hanif identifizierte, hat die Geschichte Abrahams wahrscheinlich erst zu seiner Zeit in Medina von seinen jüdischen Nachbarn erfahren.[87]

Demnach soll Abraham seinen Sohn Ismael, von dem die Muslime ihre Abstammung herleiten und dessen Mutter Abrahams Magd Hagar ist, in die Wüste vertrieben haben. Diese Tat wurde durch einen Eifersuchtsstreit mit Abrahams Frau Sarah, nachdem diese Isaak geboren hatte und Abraham zum zweiten Mal Vater geworden war, ausgelöst. Abraham war verzweifelt, aber Gott versprach ihm, aus Ismael ein großes Volk zu machen. Abraham brachte Ismael und Hagar in das Tal von Mekka und ließ sie dort allein. Bei einem späteren Besuch Abrahams bauten, der Sohn und der Vater, gemeinsam die Kaaba, den ersten Tempel Gottes in Arabien. Das war das erste architektonische Werk, das „einem" Gott geweiht war.

Die Kaaba besteht aus einem quaderförmigen Stein aus Granit und ähnelt Heiligtümern, die es heute zwar nicht mehr gibt, aber die laut erhaltener Literatur zu dieser Zeit in Najram in Jemen aber auch in al-Abalat, südlich von Medina, existierten.[88]

An der östlichen Ecke der Kaaba befindet sich ein schwarzer Meteorit. Dieser galt als eine Verbindung vom Himmel zur Erde und soll der Überlieferung nach vom Engel Gabriel überreicht worden sein. Dieser Stein ist das eigentliche Verehrungsobjekt, später wurde zusätzlich ein Gottesbild im Inneren aufgestellt.[89]
Die Kaaba, wie bei anderen Religionen die auch eine „Mitte" haben, symbolisiert den Mittelpunkt der Welt oder des Weltalls. Kaaba ist aus Respekt und Verehrung mit einem Stoff verkleidet. Dieser Brauch geht auf vorislamische Traditionen zurück.[90]

Zur Zeit Mohammeds war die Kaaba dem Mondgott Hubal, dem „Herrn des Hauses",[91] geweiht, wobei man unter „Haus" die Kaaba in Mekka meint. Er war Stadt- und Stammesgott. Nicht wenige (die „Gottessucher" beispielsweise) aber glaubten an die ursprüngliche Weihung der Kaaba dem *Allah*. Hubal wurde sozusagen aus dem Königreich der Nabatäer (Jordanien) „importiert".[92] Man glaubt, dass es in der Kaaba selbst ein Standbild Hubals gab, vor dem man im Ritus Lospfeile warf.[93] Der Stein war das wichtigste Objekt einer Kultstätte.

---

[86] Armstrong, K.: Muhammad., S.77.
[87] Ebd., S.220.
[88] Ebd., S.76,79.
[89] Wellhausen, J.: Reste., S.74.
[90] Ebd., S.73.
[91] Hattstein, Markus: Der Islam - Weltreligion und Kulturmacht, in: Hattstein, Markus u. Delius, Peter (Hg.): Islam - Kunst., S.11.
[92] Armstrong, K.: Muhammad., S.76.
[93] Bobzin, H.: Mohammed, S.54.

Darauf wurde das Blut der Opfertiere und, einigen Berichten zufolge,[94] das Blut der Menschenopfer geschmiert. In die dafür gegrabenen Löcher unter den „Altären" wurden die Gott gewidmeten Gaben und Weihgeschenke eingeworfen. Dabei handelte es sich oft um geschlachtete Kamele,[95] Textilien, tägliche Gebrauchsgegenstände, Lebensmittel, Wein aber auch Gold und Silber. Auch Waffen wurden den Götzen „geopfert" oder für sie erzeugt.

Beim *Tawwaf* (Umrundungen) oder anderen Ritualen wie *Hadsch* wurde zu einem bestimmten Zeitpunkt des Rituals das Haar geschoren, in einem Fall sogar mit Mehl vermischt und später auch gegessen. Aber auch das erste Schneiden des Haars eines Knaben wurde mit Opfern und Geschenken vollzogen. Dieser heidnische Brauch ist heute noch z.B. in Bosnien und zwar in allen religiösen Schichten nachweisbar.

Alle Opferstätten waren von heiligen Bezirken umgeben, die *Hima*, *Mahgar* oder *Haram* hießen. In diesen heiligen Bezirken durfte man nicht einmal Bäume fällen oder Tiere töten. Schon zu dieser Zeit waren die heiligen Bezirke ein Vorbild für Herrscher, ihre eigenen Gebiete auf diese Weise abzugrenzen und zum Eigen(tum) zu erklären.

In Zusammenhang mit dem Bilderverbot sind aber sowohl das Beschmieren der Steine mit Blut, als auch die Verwendung und der Gebrauch des Blutes bei religiösen Ritualen äußerst wichtig, wie wir später noch sehen werden.

Persien und Byzanz waren in ständiger Auseinandersetzung um dieses Gebiet, weil es eine wichtige Handelsroute („Weihrauchstraße") war. Dabei unterstützten und förderten die Byzantiner christliche Missionare und Siedlungen und damit die Ausbreitung der Macht auf der Halbinsel. Nachdem sich diese Gebiete von Byzanz abgespalten hatten, bildeten sich zwei christlich geprägte religiöse Richtungen. Zum einen waren dies die Jakobiten, die die Lehren des Bischofs Jakob Baradäus von Edessa (gest.578) vertreten haben, und zum anderen die Nestorianer, die Anhänger des Patriarchen von Konstantinopel (Reg.428-31), dem Nestorius (gest.452). Der Gründer der „syrisch-orthodoxen" Kirche, Jakob Baradäus, gilt als wichtigster Vertreter des Monophysitismus. Monophysitismus ist eine Lehre, die der christlichen entsprang, in der Christus nicht auch menschlicher, sondern rein göttlicher Natur ist. Die andere, die nestorianische These, betont dagegen die menschliche Natur Christi. Ermutigt durch Byzanz sollte Negus, Staatsoberhaupt Abessiniens, Jemen angreifen, um den byzantinischen Einfluss zu stärken. Die Araber wandten sich an Persien um Hilfe. Die Perser ihrerseits benutzten die Religion auch zu politisch-strategischen Zwecken. Im Jahr 570 trat der König von Süd-Arabien, Yusuf As'ai (als Dhu Nuwas bekannt), zum Judentum über. Dieses Vorhaben Persiens schlug fehl, und erst mit der Intervention von König Chosrau I (Reg.531-538n.Ch), der in die Region einfiel, wurde Süd-Arabien zur persischen Kolonie. Der jüdische Einfluss wurde auch durch einige Familienverbände, die sich nach der Einnahme Jerusalems durch die Römer 70 n.Ch in Yathrib (später Medina, "Stadt des Propheten" ge-

---

[94] Wellhausen, J.: Reste., S.115.
[95] Ebd., S.113.

nannt) niederließen, gestärkt. Aber auch einige frühere jüdische Siedlungen sind der Forschung bekannt.[96] Diese unterschieden sich kaum von ihren Nachbarn, hielten aber an ihrem monotheistischen Glauben fest.

Eine weitere religiöse Bewegung waren die Judenchristen, die wahrscheinlich auch noch zur Zeit Mohammeds existierten. Sie wurden auch Ebioniten (von hebr. ebjon: „arm")[97] genannt und hatten mit anderen vorislamischen Gruppierungen, später auch mit Moslems, einige Gemeinsamkeiten. Die wichtigsten Berührungspunkte waren, dass sie in Jesus auch „nur" einen Propheten sahen und einen „neuen Moses" erwartet haben. Aber auch die Bräuche der Waschung vor dem Gebet und einige Speisevorschriften waren gleich.

Eine Gruppe ist noch zu erwähnen, die für Mohammed selbst eine wichtige Rolle spielte: die „Gottessucher" (Hanif). Hanif war eine Bewegung, die in der monotheistischen Ursprungsreligion (zurück zu Abraham) ihre wichtigsten Glaubensbekenntnisse suchte. Es ist nicht auszuschließen, dass sie Kontakte mit Juden und Christen hatte,[98] womit sie ihren Glauben an „einen", transzendenten Gott (Allah) vertieften.

Diese kurze Darstellung von Mekka und vom wichtigsten Heiligtum vorislamischer Araber gemeinsam mit für das Thema relevanten religiösen Riten dient als ein Grundgerüst der Betrachtung vorislamischer Bilderverbotstendenzen, die im nächsten Absatz zur Sprache kommen werden. Die Darstellung vorislamischer religiöser Bewegungen ist mit dem oben gegebenen kurzen Überblick keinesfalls ausreichend und dient hier nur als Orientierung in der Gesamtbetrachtung von, für das Thema des Bilderverbots, entscheidenden geistigen Entwicklungen.

1.4. Vorislamische Bilderverbotstendenzen

In der vorislamischen Zeit kann man einige grundlegende Tendenzen, die ein islamisches Bilderverbot in unterschiedlicher Quantität und Qualität positiv oder negativ, beeinflusst haben, erkennen. Jedenfalls waren sie mitverantwortlich für die Geistesbildung der Araber, die nicht das ganze vorislamische Gedankengut mit dem gesellschaftlichen Umbruch, den der Islam mit sich brachte, ablegen konnten.

Wenn man dabei chronologisch vorgehen will, dann sind zuerst die „Volksreligion" und der Glaube an die *Dschinn* zu erwähnen. Dieser Glaube an Dämonen, die gut oder böse sein können, beeinflusste zweifellos das spätere Bilderverbot.

Wie bereits erwähnt glaubte man, dass die *Dschinn* auf Dichter, *Kahin*, Zauberer, Künstler und sogar Propheten inspirierend einwirkten (Mohammed wurde das auch vorgeworfen), ja sogar als Befehlshaber der Menschen agierten. Künst-

---

[96] Bobzin, H.: Mohammed, S.60.
[97] Ebd., S.58.
[98] Schimmel, Annemarie: Die Religion des Islam, Stuttgart 1990, S.13.

ler (Bildhauer, Maler und Musiker) übten also ihre Kunst nur aufgrund der Inspiration durch die *Dschinn* aus. Demnach sind die *Dschinn* mitverantwortlich, wenn nicht sogar die eigentliche Ursache für die Entwicklung des Götzendienstes in Arabien (siehe oben „Adammythos"). Daher hat man sie als negativ betrachtet und dadurch alles, was durch ihre Inspiration entstand, als abstoßend empfunden. Wenn künstlerische Werke durch die Eingebung der *Dschinn* entstehen, dann können diese Werke genauso wie die damals ausgegrabenen Götzen erneut die Menschen zum Polytheismus überführen. Dass aber auch eine andere, auf dem Koran begründete Sichtweise diesbezüglich vertretbar ist, werde ich im zweiten Teil des Buches darlegen.

Die *Dschinn* sind mit dem „Adammythos" untrennbar verbunden und das führt uns zu den Propheten (denn Adam ist für die Moslems der erste Prophet Gottes), die im Laufe der Geschichte, als „Warner" auftreten und letztendlich, über Abraham, dem Erbauer der Kaaba, zu Mohammed führten(der verschiedene Offenbarungen über die *Dschinn* empfing). Es besteht also ein von Adam ausgehender Verbindungsfaden, mit dem der Glaube an die *Dschinn* verbunden ist. Da Propheten aber eine Vorbildrolle für die Menschen spielen, werden sie auch im Bezug auf das Bilderverbot (in Verbindung mit den *Dschinn*) von verschiedenen Kreisen zitiert und als praktisches Vorbild akzeptiert.

Die zweite Tendenz ist der monotheistische Gedanke, der bei Moslems, so glaubt man, schon in vorislamischer Zeit vorhanden war. Dies wird mit Blutsverwandtschaft und der, von Moslems angenommenen eigenen Nachkommenschaft von Abrahams Sohn Ismael, einerseits, und der Bildung der *Hanif*-Bewegung („Gottessucher" dessen Mitglied Mohammed war), die sich mit Abraham und seinem Glauben identifizierte, anderseits begründet. Das Bilderverbot, das später entstand, wurzelt unter anderem in einer monotheistischen Tradition, die bis zu Abraham (und dem Koran zu Folge, bis zu Adam) zurückreicht. Weil Abraham gegen den Götzendienst (er ist auch ein „Warner", wie ich später durch Zitate aus dem Koran erklären werde) und damit gegen die Bilder war, die angebetet wurden, gleichzeitig aber auch ein geistiges Vorbild für die junge islamische Gemeinde gewesen war (die „ersten" Moslems nannten sich anfangs, zu der Zeit wo sie in Medina lebten, „Gottessuchende" – „*Haniffiyah*"),[99] sollte das islamische Bilderverbot auch durch diese monotheistische Tendenz begründet werden.

Im Volk, wie bereits besprochen, entwickelte sich eine Bereitschaft zur Rückkehr zu „Abrahams Religion" und zwar kurz vor der Koranischen Offenbarung. Dieser „Rückkehrgedanke" wird im Islam als sehr wichtig und im Bezug auf das Thema, als eine dritte Tendenz, erachtet. Denn diesen „Rückkehrgedanken" kann man als eine geistige Ebnung bzw. Grundlage des späteren, den Islam ausmachenden Einheitsgedanken betrachten. Die Betonung der göttlichen Einheit ist wichtig für das Bilderverbot, und darauf bezogene Zusammenhänge sollen in Folge zur Sprache kommen.

Mit *Hadsch* und *Tawwaf*, durch die man unter anderen diesen

---

[99] Armstrong, K.: Muhammad., S.219.

„Rückkehrgedanken" entwickelte, wird eine Rückkehr zur Einheit symbolisiert. Eine Rückkehr zur Mitte, zum Anfang und letztlich zu Gott (der eine Einheit an sich darstellt). Schließlich ist die Einheit (*Tauhid*), die im Koran unermüdlich wiederholt wird, die eigentliche Religion des Islam. Somit ist wiederum eine monotheistische Tradition, diesmal durch praktische Tätigkeit, vorhanden. Die Rückkehr zur Einheit ist im Islam eine gleichzeitige Betonung des Antipolytheismus.

Tawwaf ist die siebenmalige Umrundung der Kaaba, die man rituell, aber auch freiwillig zu jeder Zeit gerne durchführte. Es scheint, als ob dieses Ritus sehr erholsam gewesen wäre. Durch die Umrundungen entwickelte sich eine Art der Meditation. Diese waren monoton, aber gerade dadurch wurde der Geist entlastet. Mit der Umrundung gedenken die Muslime unter anderem an Abraham und Ismael, den Erbauern von Kaaba.

Der *Hadsch*-Ritus vermittelt jedem Einzelnen das Erlebnis persönlicher Vereinigung mit der Gesellschaft und mit Gott als Mittelpunkt (hier möchte ich kurz die Umrundungspraktiken von Banu Schet aus dem „Adammythos" in Erinnerung rufen). Mit Hilfe von *Tawwaf* oder *Hadsch* schauf man außerdem eine „Art praktische Kunstfertigkeit"(von Armstrong K. geprägter Begriff), mit deren Hilfe die Araber eine Bedeutung im Leben entdecken konnten.[100]
Das ist vielleicht in modernem Sinne mit der Betrachtung von Kunstwerken und deren Deutung vergleichbar. Durch die Interpretation der Kunstwerke schafft man einen „Zugang" zur Botschaft des Künstlers. Das Werk an sich wird verständlicher und womöglich hat es einen Einfluss auf die innere Befindlichkeit des Betrachters, weil ein Kunstwerk dann die „Übermittlerrolle" einnehmen kann. Auf der einen Seite bereitete diese „praktische Kunstfertigkeit", die vierte Tendenz in dieser Reihe, einen fruchtbaren Boden der Toleranz religiösen Bildern gegenüber, die die Götzenverehrung schon in der Frühphase geebnet hatte (das wird besonders bei schiitischen Lehren und deren Auswirkungen auf das Bilderverbot sichtbar werden). Toleranz herrschte in dem Sinne, dass man z.B. Märtyrerkulte akzeptierte und gleichzeitig an der Betonung des *Tauhid* festhielt, was eigentlich unvereinbar ist. Damit aber war eine, von theologisch-islamischer Seite betrachtet, negative Komponente im Bezug auf das Bilderverbot geschaffen, da Toleranz gegenüber anderen Gottheiten bzw. Propheten nach Mohammed im Islam ein Tabu ist. Gleichzeitig führte die „praktische Kunstfertigkeit", durch Meditation und religiöses Ritus, zu einer Geistesentwicklung, die eine „bilderlose" Kunst möglich machte.

Hier haben wir also zwei Tendenzen („Rückkehrgedanke", der mit *Hadsch* und *Tawwaf* Riten symbolisiert und miterschaffen wurde und die „praktische Kunstfertigkeit", die man als Entwicklungsmitursacher der Abstraktion in der Kunst des Islams betrachten kann), die durch eine religiöse Praktik beeinflusst wurden, in ihrem Entwicklungsziel aber einen Einfluss auf das Bilderverbot genommen haben.

---

[100] Ebd., S.79.

Eine weitere Entwicklungstendenz ist die Gesellschaftsform und die Geistigkeit der Araber, die natürlich das vorher Erwähnte einschließt. Die gesellschaftliche Entwicklung, vorangetrieben durch die *muruwah*-Ideologie, fand ihren geistigen Anschluss im Polytheismus, was man als eine logische Folge betrachten kann. Eine logische Folgerung dieser Entwicklung sehe ich darin, dass die Stämme, die sich nur durch das Blutrachegesetz gegenseitig respektierten und somit kaum eine einheitliche Führung oder Religion akzeptieren konnten, eigene Gottheiten bildeten, weil sie eben nur von ihnen selbst „geschaffene" Götzen in ihrer „kleinen Stammeswelt" dulden konnten. Dadurch erklärt sich die allgemeine Akzeptanz von unzähligen Gottheiten.

In dieser fünften Entwicklungstendenz finden wir mehrere Verzweigungen, die nicht zu umgehen sind. Eine Zweigtendenz, die *muruwah* als Grundlage hatte, ist die geistige Entwicklung des Stammes Quraisch, die auch im geschichtlichen Zusammenhang wichtig ist.

Mohammed, der aus der Sippe der Haschimiten[101] stammt, die ein Teil des Stammes Quraisch war, betonte mehrmals die Wichtigkeit dieses Stammes. Mohammeds Großvater `Abdu`l-Muttalib[102] war das Oberhaupt der Quraisch, die sich im Laufe des 6.Jh. in der Oase Mekkas, im Hedschas, niederließen. An dieser Stelle errichteten die Quraisch einen Stadtstaat, in dem Warenmessen und religiöse Feste stattfanden. Das Zentrum dieses Stadtstaates und dessen religiöser Verehrung war die bereits vorgefundene Kaaba mit dem schwarzen Meteorit. In unserem Zusammenhang ist das Vorhaben der Quraisch, sich niederzulassen und die Kultur des Nomadentums hinter sich zu lassen, äußerst wichtig.

Durch diese Tat sehen wir die Aufgeschlossenheit dieses Stammes sich von primitiven Ideologien abzuwenden, wenn auch nicht zur Gänze, und ortsgebunden eine Gesellschaft zu gründen, in der die Ausübung verschiedener Religionsrichtungen, trotz finanzieller Bedingtheit, erlaubt war.

Diese Aufgeschlossenheit der Araber, besonders des Stammes Quraisch, zu dessen Mitgliedern Mohammed zählte, war verantwortlich für die Bildung eines liberalen Gedankenguts, das möglicherweise auch einen Einfluss auf Mohammed hatte. Später im Islam sollten nämlich die muslimischen Heere nicht alle Bilder zerstören, die sie auf ihren Eroberungszügen vorfanden, wie wir sehen werden, sondern nur dijene, die als Gottheiten dienten.

Natürlich erscheint die Aufgeschlossenheit der Quraisch beim Aufkommen des Islams nicht gerade freundlich, ganz im Gegenteil. Das sollte man aber in Verbindung mit der finanziellen und polytheistisch-religiösen Abhängigkeit der Quraisch von Mekka als Wallfahrtsort betrachten, denn die Haupteinnahmequelle, die Kaaba, drohte in muslimische Hände zu fallen.

Die religiösen Gebräuche und Opferkulte, die man als weitere Zweigtendenz der Gesellschaftsform und Geistigkeit der Araber betrachten kann, brachten Schwierigkeiten mit sich, die einen direkten Bezug auf das Bilderverbot ausgelöst haben. Auf das Blutopfer, als notwendigen Teil des Rituals in *Dschahiliya*,

---

[101] Weiss, Walter M.: Islam-DuMont, S.11.
[102] Hughes, Thomas Patrick: Lexikon des Islam, München 2000, S.442.

wird im Islam ausdrücklich Bezug genommen. Hier sei erwähnt, dass das Blutopfer in direktem Zusammenhang mit polytheistischen religiösen Praktiken steht und somit gegen die Prinzipien einer monotheistischen Gesellschaft, in der das behandelte Bilderverbot entstand, verstieß.

Als sechste Tendenz kann man den Einfluss von Seiten der Christen, Römer und Griechen betrachten. Einige Nomadenstämme wurden mit der Zeit christianisiert und manche Wissenschaftler sind der Meinung, dass sogar Arabien christlich geworden wäre, wenn der Islam nicht aufgetaucht wäre.[103]

Es ist anzunehmen, dass die christlich/byzantinischen Künstler in Hinsicht auf die darstellende Kunst einen stilistischen Einfluss auf die Araber ausgeübt haben, wie uns Beispiele im Jerusalemer Felsendom oder in der Großen Moschee von Damaskus zeigen, wo die stilisierten Pflanzendarstellungen nur als byzantinisch-hellenistisch und antik-römisch zu bezeichnen sind. Seit der Unterwerfung von Judäa 333-332 v.Ch.[104] durch Alexander den Großen, der Eroberung Jerusalems durch die Römer und der byzantinischen Herrschaft über Jerusalem hinterließen diese Kulturen, die persische Herrschaft miteinbezogen, eigene künstlerische Ausdrucksweisen und beeinflussten somit die spätere islamische Kunstauffassung.[105] Aus den *Hadithen*, die ich in Folge zitieren werde, wird ersichtlich, dass schon um 630 in Mekka bildliche Darstellungen existieren, die man vom Stil her als byzantinisch-hellenistisch bezeichnen kann.

Man sollte aber den Einfluss der Nabatäer im Bezug auf den Stil der Götzenkunst nicht übersehen. Dieser Einfluss spielte eine wichtige Rolle dabei, besonders die in Petra befindlichen Arbeiten nahmen bei den vorislamischen Arabern eine künstlerische Vorbildrolle ein.

Eine wichtige Tendenz, die man auch als einen der Mitauslöser des Bilderverbots betrachten kann, ist der Bildzauber.[106] Zu Zeiten Mohammeds wurde diese Form der Magie ausgeübt und für alltägliche Zwecke verwendet (wie beispielsweise die Zusammenführung eines Paares oder schwarze Magie). Da das Zaubern dem Koran zufolge verboten ist (siehe „Polytheismusverbot" im Teil zwei), wurde dieser Bildzauber, bei dem es sich um Zeichnungen im Sand gehandelt haben soll (was dem Verzauberten geschehen soll, wird vor ihm gezeichnet), offiziell auch verabscheut.[107] In manchen Regionen der islamisch geprägten Länder wird es (das Zaubern) aber heute immer noch ausgeübt. In Zusammenhang mit Reiseberichten von Ibn Batutta, der von seinen täuschend ähnlichen Portraits von chinesischen Hofmalern berichtete, die so gut waren, dass sie als „Fahndungsbilder" benutzt werden konnten, wurde dieser Bildzauber möglicherweise noch stärker befürchtet, was ein diesbezügliches Verbot noch ver-

---

[103] Schimmel, A.: Die Religion des Islam, Stuttgart 1990, S.13.
[104] Internet Quelle: http://www.uni-frankfurt.de/fb01/miller/Chronik.html, 29.08.2002; http://www.israelnews.de/zeitisra.htm , 29.08.2002.
[105] Gröber, Karl: Palästina - Arabien und Syrien, Baukunst, Landschaft und Volksleben, Berlin 1925, S.7,8.
[106] Bürgel, Christoph Johann: Allmacht und Mächtigkeit, München 1991, S.282-283.
[107] Ebd.

stärkte (je besser das Opfer nachgeahmt wird desto stärker der Zauber- vgl. Voodoo Puppen).[108]

Eine weitere Tendenz ist das jüdische Bilderverbot, das wir eindeutig in die vorislamische Zeit datieren können. Es handelt sich dabei um den alttestamentarischen Bezug auf das Bilderverbot: "Du sollst dir kein Gottesbild anfertigen, noch irgendein Abbild von dem, was oben im Himmel oder unter auf der Erde: du sollst dich nicht vor ihnen niederwerfen und sie nicht anbeten."[109]

Dieses alttestamentarische Bilderverbot beeinflusste die vorislamische Gemeinde nicht, wie aus dem dargestellten ersichtlich ist, denn die herrschenden religiöse Auffassungen Arabiens waren polytheistisch.

Vielmehr kann man eine Verbindung der islamischen Gemeinde zu diesem Verbot sehen. Nämlich in dem Sinne, dass Muslime sich auch als „Volk des Buches" sahen und sich somit mit den Juden identifizierten, auch hinsichtlich des Bilderverbotes. Wenn man sich aber die Gründe der Auslösung des islamischen Bilderverbots genauer ansieht, dann erscheint diese jüdische Einflussnahme, obwohl man das Gegenteil erwarten würde, gering.

Alle dargestellten vorislamischen Bilderverbotstendenzen kann man als einen Teil des Puzzles innerhalb der Gesamtbetrachtung der Tendenzen verstehen, die einen Einfluss auf die Herausbildung des islamischen Bilderverbots ausgeübt haben. Eine Darstellung dieser vorislamischer Tendenzen war notwendig, um die Handlungen des Propheten Mohammed, später aber auch die Lehren von Theologen und Philosophen, im Bezug auf das Bilderverbot zu verstehen.

---

[108] Ebd.
[109] Exodus: 20, 4f.

2. Darstellung der Systeme, die man in Offenbarungs- und Postoffenbarungszeit als Ursache des Bilderverbots betrachten kann

2.1. Hauptquellen des islamischen Bilderverbots

Die Hauptquelle aller islamischen Wissenschaften ist zweifellos der Koran. Danach wird *Hadith*, die Tradition des Propheten Mohammed (Aussagen und berichtetes Benehmen des Propheten) von allen Muslimen als zusätzliche Quelle akzeptiert. Alle diese Quellen gelten auch für das Thema des Bilderverbots als verbindlich.

Die Entstehungsgeschichte dieser drei Quellen werde ich nur in bestimmten Fällen, wenn diese eine Bedeutung für das Thema haben, erwähnen, aber ansonsten beginne ich gleich mit der wichtigsten Feststellung bezüglich des Bilderverbots. Diese lautet: Im Koran gibt es kein ausdrückliches Bilderverbot!

Wie aber kam es zur Herausbildung eines Verbots? Durch die Untersuchungen, die ich bezüglich dieses Buches angestellt habe und die ich in allen Einzelheiten hier ausführe, kam ich zu einem Ergebnis, das meine anfänglichen Vermutungen bestätigt hat. Unter dem islamischen Bilderverbot ist einzig und allein ein Polytheismusverbot zu verstehen und nur als solches ist das so genannte Bilderverbot zu deuten.

Trotzdem haben sich mit der Zeit, und zwar seit dem Tode Mohammeds, verschiedene Meinungen bezüglich des Bilderverbots gebildet. Diese Thesen wurden, von der jeweiligen Bevölkerungsgruppe, von Land zu Land und vom historischen Zusammenhang abhängig, theologisch und philosophisch begründet unterschiedlich vertreten und gedeutet, so dass sich diesbezüglich kein verbindliches Gesetz bilden konnte. Von allen Muslimen allgemein anerkannt, blieb der Glaube an einen Gott, an den letzten Propheten Mohammed und an den Koran.

Wie in der vorislamischen Zeit, gibt es in der Offenbarungs- und Postoffenbarungszeit Tendenzen, die zur Herausbildung eines Verbots geführt haben. Der Grundgedanke, der die Diskussion auslöste, war die auf den vorislamischen Tendenzen, dem Koran und der Überlieferung (*Sunna, Hadith*) basierende Befürchtung, dass die Bilder zum Schöpfergedanken verführen könnten, d.h. zur Identifizierung der Künstler mit dem Schöpfer (Allah). Dies führt automatisch zum Polytheismus. Die Theologen, besonders die Sunniten, versuchten an der Tradition festzuhalten und beriefen sich auf diesbezügliche Aussagen und Taten des Propheten (Mohammeds Aussagen diesbezüglich folgen), während die Schiiten, die dem Koran und den Überlieferungen zusätzlicher Glaubensinhalte folgten, sich dem Bilderverbot gegenüber etwas „liberaler" verhielten. Zudem kam es zur philosophischen, allerdings nicht direkten, Auseinandersetzung mit dem Bilderverbot, das in einer, durch Atomismus begründeten „Kompromisslösung", jedoch keiner endgültigen, endete.

Um die Unterschiede zwischen diesen drei Gruppen (Sunniten, Schiiten und einer „philosophischen Gruppe", die aus den beiden anderen stammt) zu verdeutlichen, muss ich die Grundgedanken, die auch das Thema des Bilderverbots betreffen, anhand der Philosophie dieser Gruppen darstellen. Dadurch werde ich gleichzeitig die Tendenzen der Offenbarungs- und Postoffenbarungszeit, die zur Herausbildung der jeweiligen Philosophie des Verbots geführt haben, klären und somit der Lösung des Problems näher kommen.

2.2. Auf dem Koran basierende Theorien in Zusammenhang mit dem Bilderverbot

Die Offenbarung des Korans an Mohammed durch den Engel Gabriel beginnt im Jahr 610 und kommt zu einer Zeit, in der die größten Teile Arabiens eine geistige Ebene erreicht haben, die das, was folgen wird, fast ausnahmslos akzeptieren wird – den Islam. Von einer primitiven Lebensform wird die arabische Gesellschaft mit Hilfe einer neuen Religion zu einer Großmacht erhoben. Diese neue Religion betonte die Einheit des transzendenten Gottes und fand in der *Hanif*-Bewegung die ersten Anhänger. Mit der Zeit wurden die Mitglieder immer zahlreicher und es bildeten sich zwei Strömungen, die auf einer Seite die neue moslemische Gemeinde hatten und auf der anderen die Anhänger des Polytheismus die noch nicht bekehrt waren. Zu dieser Zeit nehmen die Offenbarungsworte einen ausdrücklichen Bezug auf den Polytheismus, und somit indirekt auf das spätere Bilderverbot. In diesem koranischen Bezug auf die heidnischen Götter und die heidnischen religiösen Praktiken, bildet sich eine klare Abneigung dem Polytheismus gegenüber.

Die „Zeit der Unwissenheit" ist nicht der verhasste Zeitabschnitt in der Geschichte Arabiens, sondern die Zeit, in der die Menschen nicht über die Wahrheit, die, nach Meinung der Muslime mit dem Islam kommt, Bescheid gewusst haben. Die „Unwissenden" werden mit Koranischen Versen aufgeklärt, aus denen mehrere ausdrückliche Verbote herauszulesen sind, ohne jedoch ein schriftliches Bilderverbot darin zu entdecken. Das was einmal war, sollte beseitigt werden, aber basierend auf dem Verständnis und der Aufklärung und nicht durch Gewalt oder Zwang (trotzdem kommt es zu einem Bildersturm, wovon noch die Rede sein wird).

Aus diesen Gründen ist die Betonung der Einheit Gottes mit einem Polytheismusverbot untrennbar verbunden und beide Themen sollen zur Sprache kommen.

Die Ausformung einer neuen Gesellschaft begann mit dem Koran, durch den die ersten muslimischen Gemeinden verschiedene Gesetze und ethische Vorschriften erhielten, worunter sich auch verschiedene Verbote befanden. Denn die neue Religion, verkündet von Mohammed, vertritt einen „unsichtbaren" Gott, was für die „unwissenden Polytheisten" nicht so leicht zu begreifen war und dafür brauchte man klare Worte mit der Betonung der Einheit Gottes. Ein Gott kam an die Stelle der Götzen, und dies musste erst verinnerlicht werden. Verbote waren notwendig, um dieses „Volk der Wüste" zu „richten", ihm eine Kultur zu lehren, die mit den Stammesgesetzen nicht immer übereinstimmte. Verbote, mit drohender Bestrafung waren die einzige Möglichkeit, die „Wildnis" zu „bekehren", und wenn diese einem heutigen Leser zu „hart" erscheinen, dann sollte man versuchen sich in diese Zeit hineinzuversetzen. In eine Zeit, in der es weder Polizei, Gerichte und Anzeigemöglichkeiten gab, sondern in der Überlebensgesetze herrschten und die Ehre Menschenleben kostete.

2.2.1. Die Offenbarung

Der Koran (wörtl.: Lesen, Vortragen) ist für den Muslim die göttliche Offenbarung schlechthin. Er ist ein Pfad, eine Leitung im Leben, die dem Propheten offenbart wurde. Die Offenbarung begann mit Gabriels Aufforderung an Mohammed: "Lies!"(*iqra*, auch als „Trag vor" zu übersetzen),[110] die einen wichtigen Punkt darstellt, denn dadurch ist das höchste Symbol der Offenbarung das Buch geworden.[111] Somit identifizierten sich Muslime mit anderen „Menschen des Buches" (Juden, Christen). Dadurch hatten sie eine „Legitimation" für das Bilderverbot, das schon bei den Juden vorhanden war. Gleichzeitig spielt diese Symbolik eine Liberalisierungsrolle in der Buchmalerei, die sich im Laufe der Geschichte entwickeln wird. Zuerst wurden die bildlichen Darstellungen in wissenschaftlichen Werken (Medizin) mit der Notwendigkeit der Aufklärung legitimiert (denn, nach islamischem Glauben, gibt Gott den Menschen nur soviel zu wissen wie er will - also sind diese Bildwerke der Medizin durch Notwendigkeit der Aufklärung legitimiert). Spätere Bildwerke wurden aber auch in literarischen Bereichen verwendet, mit der Begründung, dass es sich bei den Auftraggebern um „erlesene Persönlichkeiten" (Philosophen, Herrscher usw.) handelt (siehe weiter unten „die, die im Wissen verwurzelt sind" Koran:3,7).

Der Koran wird außerdem auch *al-Furqan* (Unterscheidungsnorm, Rechtleitung) und *Ummu-l-kitab* („die Mutter aller Bücher") genannt und somit von Moslems als das Wissen über Wirklichkeit und Wahrheit betrachtet. Dieses Wissen liegt als ein Potenzial vor und wartet auf die „Aktualisierung" von Seiten der Gläubigen.[112] Der Koran enthält eine Metaphysik über das Wesen der Gottheit,[113] wie auch eine Kosmologie des Universums, medizinische Hinweise und rechtliche Ausführungen, mit denen zusammen mit der Überlieferung das islamische Gesetz (*scharia*, wörtl. „Der Weg") begründet wurde.

---

[110] Der Koran: Deutsche Übersetzung von Rudi Paret, Sure 96,1, Stuttgart 1979. Alle in Folge zitierten Koranstellen werden in Form „*Sure, ayat*(z.B. 96,1)" angegeben werden und beziehen sich auf die hier erwähnte deutsche Übersetzung.
[111] Nasr, Seyyed Hossein: Ideal und Wirklichkeit des Islam, München 1993, S.38.
[112] Ebd., S.58.
[113] Ebd., S.59.

Man sieht in der „heiligen Sprache" des Korans (arabisch) göttliche Anwesenheit[114] die Macht Gottes, die sich bei Aussprache und Rezitierung der Gebetsformeln offenbart. Gleichzeitig wird die Offenheit des Korans betont und die eigentliche Botschaft an alle Menschen gesendet. Nasr vergleicht die Ausmalung eines Heiligenbildes im Christentum mit dem Schreiben eines Korantextes.[115] Daraus ist ersichtlich, wie die Auffassung islamischer Kunst zu verstehen ist. Die eigentliche Heiligkeit liegt in der göttlichen Botschaft (des Korans) und ist visuell nicht darstellbar. Auch fast 1500 Jahre nach der Offenbarung besteht das Potenzial des Bilderverbots unvermindert, obwohl es keine allgemein verbindlichen Gesetze diesbezüglich gibt. Dies ist ein Zeichen unter vielen anderen, die noch zur Sprache kommen werden, dass das Bilderverbot nicht aufgezwungen, sondern aus Überzeugung vertreten wurde.

Der Überlieferung nach „schrieb" Gott vor der Erschaffung der Welt auf der „wohlbewahrte Tafel"(siehe 2.3.), „ auch die innere Realität aller Dinge"[116] und somit ist das Wort, also der Koran, ein „Prototyp aller Schöpfung" (innere und äußere Bedeutung enthaltend). Gott offenbart sich den Menschen durch seine Zeichen (*ayat*), die in inneren (der Seele) und äußeren (in der Natur) Hinweisen zum Ausdruck kommen. Durch Beobachtungen der inneren Befindlichkeit und durch die Selbsterkenntnis (Mohammed: „Wenn man sich selbst erkennt, wird man auch Gott erkennen"), aber auch durch die Beobachtung der Naturerscheinungen wird man die Wahrheit erkennen: „Wir werden sie an den Horizonten und in ihnen selbst unsere Zeichen sehen lassen, bis es ihnen deutlich wird, dass es die Wahrheit ist"(41,53).[117]

Die Koranexegese bezieht sich auf zwei Sinnesebenen: einen „äußeren" Sinn (*zahir*) und einen „inneren" Sinn (*batin*). Die orthodoxen Kreise islamischer Gemeinschaft, besonders die traditionsbewussten Sunniten, bemühten sich den äußeren Sinn der Botschaft, eine philologisch-historische Exegese (*tafsir*), zu betreiben und „bekämpften" die später entstandene, auf den inneren Sinn bezogene und von Mystikern, Schiiten, Modernisten (Mutaziliten, die eine rationalistische Exegese vertraten) und Philosophen betriebene, allegorische Exegese, die *tawil* genannt wird.[118] Al Ghazali (gest.ca.1110) hat in seinen Werken die *Tawil*-Methode und deren Vertreter als Ketzer (*zindik*) und als Ungläubige (*kafir*) verurteilt und *tawil* als einen der Verurteilungsgründe, die in *scharia* gelten sollte, vorgeschlagen.[119] Alle, die diese Meinung besonders am Anfang der geschichtlichen Entwicklung, wo die Schiiten noch nicht organisiert waren, nicht vertraten, spielten mit dem Tod, wenn sie sich mit dem Thema beschäftigten.

Dieser Konflikt entstand durch die eigenwillige Deutung vom Koranischen Vers: „Er ist es, der dir das Buch herabgesandt hat; darin gibt es festgelegte (Verse), die sind die Mutter des Buches und andere, zweifelhafte. Diejenigen

---

[114] Ebd., S.61.
[115] Ebd., S.62.
[116] Ebd., S.63.
[117] Ebd., S.65.
[118] Bürgel, Johann Christoph: Allmacht., S.103.
[119] Ebd., S.94.

aber, in deren Herzen ein Schweifen ist, haften sich an die zweifelhaften, aus Begierde nach Zwist und aus Begierde, das auszudeuten (*tawil*), dessen Deutung niemand kennt außer Gott und die, die im Wissen verwurzelt sind" (3,7).
Al Ghazali beschuldigte die Philosophen sich diesen Vers zur Legitimierung der jeweiligen Lehren anzueignen, genauso wie die Mystiker und die Mutaziliten.

Im Zusammenhang mit dem Bilderverbot kann man den Konflikt zwischen *Tawil*- und *Tafsir*-Anhängern als wichtig bezeichnen und als eine der Tendenzen zur Herausbildung eines Bilderverbots betrachten. Denn durch die allegorische Deutung (*tawil*) kam es zu verschiedenen Ansichten bezüglich der Schöpfungsgeschichte und, besonders wichtig, der Prädestinationsfrage, die in Zusammenhang mit der Willensfreiheit steht und somit Bezug auf die Verantwortlichkeit im Handeln des Künstlers nimmt. Durch die „liberalen" Vorstellungen der Schiiten und ihrem Glauben, der in Zusammenhang mit einem „Ali-Kult" zu sehen ist, kam es bei den Shiiten, im Vergleich zu den Sunniten, zu einer „offeneren" Auffassung des Bilderverbots.

2.2.2. Gott-/Mensch Verhältnis

Die Transzendenz Gottes wird im Islam ausdrücklich betont und durch die Verse aus dem Koran auch begründet, wie z.B.: „Und Gott ist erhaben" (20,114); "Es gibt nichts, was ihm gleichkommen würde" (42,11); "...sichtbar und zugleich verborgen" (57,3). Die Betonung der Transzendenz Gottes wirkte sich auf das Bilderverbot aus,[120] denn Gott, so der Glaube, kann man unmöglich in Bildern festlegen und jeder Versuch der göttlichen Darstellung (Natur ist eben das Abbild Gottes) wäre ein Versuch das Ungreifbare greifbar zu machen.
"Gott ist der alleinige Schöpfer und Herrscher von Diesseits und Jenseits" (Koran). Einer der „schönsten Namen Gottes" (es sind 99 an der Zahl) ist der „Formende" bzw. „Formgeber": "Er (allein) ist Gott, der Schöpfer, Erschaffer und Gestalter"(59,24). Im Zusammenhang mit: "Gott ist es der Euch... geformt hat und euch (dabei) schöne Gestalten gegeben..."(40,64) ist hier ausdrücklich von Form die Rede und somit ist eine Verbindung zum eigentlichen Thema geschaffen. Denn der Haupteinwand der Theologen war, dass die Künstler die schöpferische und formgebende Rolle Gottes, die auf diesen Versen begründet ist, nachahmen würden und sich somit mit Gott gleichsetzen wollen. Dies sei nach Meinung der Theologen aber unmöglich und von Anfang an zum Untergang verurteilt. Im Verbindung mit einem *Hadith* (siehe Überlieferungen unten) ist diese theologische Meinung auch schriftlich untermauert.(siehe 2.2.6./IX)

Der Mensch ist ein theomorphes Wesen und als Statthalter bzw. Stellvertreter (*halifa*) Gottes in einer von Gott gegebenen Raumzeitebene auf der Erde anwesend.[121] Die Ungläubigen werden verpönt und abgelehnt und ihnen wird eine

---

[120] Khoury, Adel Theodor: Islam kurz gefasst, Frankfurt 1998, S.51.
[121] Nasr, Seyyed Hossein: Ideal., S.17.

harte Strafe prophezeit. Obwohl der Mensch ein schwaches Wesen ist, schuf ihn Gott nach seinem Bilde: „Wenn ich ihn dann geformt und ihm Geist von mir eingeblasen habe..."(15,29). Der Mensch hat daher etwas Göttliches in sich. Dieses Etwas ist die Intelligenz,[122] mit deren Hilfe der Mensch zwischen Gut und Böse unterscheiden kann und das ist das, was ihn zum eigentlichen Ziel führen kann, nämlich zur Erkenntnis der Einheit Gottes. Der Mensch ist in einem zeitlichen und räumlichen Rahmen erfassbar: „...'Und ihr sollt auf der Erde (euren) Aufenthalt haben, und Nutznießung auf eine (beschränkte) Zeit'..."(2,36), indem er die Aufgabe hat Gott zu erkennen.

Dies ist nur durch Selbsterkenntnis möglich, zu der man durch die „Selbstreinigung" von allem Überflüssigen und Bösen gelangt. Dazu steht den Menschen die Offenbarung als theoretische und praktische Hilfe zu Verfügung, einschließlich dem Handeln der Propheten. Den Menschen sind alle Lebewesen untergeordnet und sogar Sonne, Mond, Regen, Schiffe (Ozeane) sind den Menschen als Hilfe gegeben (14-32, 33, 34). Trotzdem soll der Mensch nicht auf das Diesseits ausgerichtet sein, denn das ist nicht die Wahrheit und Vollkommenheit - diese warten im Jenseits: „Das diesseitige Leben hier (wörtlich: Dieses diesseitige Leben) ist (doch) nichts als Spiel und Zerstreuung. Die jenseitige Behausung, das ist das (wahre) Leben. Wenn sie doch Bescheid wüssten!"(29,64). Dieses Ziel (Paradies) ist nur durch Befolgung der vorgegebenen Maße zu erreichen.

Dem Menschen wird eine hohe Stellung im Seinskomplex beigemessen, höher als die der Engel und *Dschinn*. Mythos über den Abfall des Iblis (der Teufel), der die höhere Stellung des Menschen nicht akzeptieren wollte, wird fünfmal im Koran erzählt.[123] Für Muslime ist Gott die letzte und einzige Wirklichkeit: „Sag: Er ist Gott, ein Einziger"(112,1). Gott ist für die Muslime „die unbedingte Urasche allen Seins"[124] *as-Samad*).

2.2.3. Einheit

Der wahrscheinlich am öftesten ausgesprochene und am meisten zitierte arabische Satz weltweit ist *schahada* – das Religionsbekenntnis des Islam: "*Aschhadu an là ilàha illà Llàh, wa aschhadu anna Muhammad rasùlu Llah*". „Ich bezeuge, dass es keinen Gott gibt außer Allah, und ich bezeuge, dass Mohammed sein Gesandter ist."[125] Es fehlt in fast keinem architektonischen oder sonstigen Kunstwerk und man kann ihn mehrmals am Tag in jedem Muezzinruf hören. Es ist die absolute islamische Philosophie.

Der Koran betont die Einzigartigkeit Gottes mehrmals und ausdrücklich: "Er(allein) ist Gott..." (59,24). Die eigentliche Essenz des Korans ist die *scha-*

---

[122] Ebd.
[123] Bürgel, J. C.: Allmacht..., S.37.
[124] Armstrong, Karen: Nah ist und schwer zu fassen der Gott, 3000 Jahre Glaubensgeschichte von Abraham bis Albert Einstein, München 1993, S.213.
[125] Weiss, Walter M.: DuMont Schnellkurs, S.29.

hada. Der Koran und damit der Islam stellt die eigentliche Einheit dar. Diese Einheit ist die göttliche Einheit, die die Einzigartigkeit, Unendlichkeit, Anfangslosigkeit, und weitere 99 „Namen" als Eigenschaften Gottes in sich vereint.

Das Einheitsbekenntnis (*Tauhid*) ist das Ziel jedes moslemischen Gläubigen. Es bedeutet die Einswerdung mit Gott, dem „Einen" Gott. Alles, was in unserer Raumzeitdimension vorstellbar ist, ist ein Werk Gottes. Alles funktioniert nach dem Willen Gottes (Erklärung verschiedener Ansichten diesbezüglich folgt). Für Moslems ist Gott ewig, transzendent und der absolute Schöpfer vom Sichtbaren und Unsichtbaren. Gott ist die absolute Realität im Diesseits und Jenseits. Gott steht über seinen Geschöpfen und ist gleichzeitig mit ihnen verbunden; er ist immer und überall präsent. Gott ist Zeit und Raum und alles was darüber hinausgeht. Die ständige Betonung der Einheit ist eine gleichzeitig Betonung des Antipolytheismus.

2.2.4. Willensfreiheit, Erkenntnis

Freier Wille und damit die Entscheidungsfähigkeit ist dem Menschen auch gegeben, obwohl nur Gott absolut frei ist (weil unendlich). Gott stellte die Menschen vor die Entscheidung (es handelt sich hierbei um ein Zitat, das gerne von islamischen Mystikern, *Sufis*, benutzt wird und der einen Moment der Metahistorie darstellt - die Zeit vor der Zeit), und gab ihm so die Freiheit zu entscheiden: "Bin ich nicht euer Herr?"(7,172). Der Mensch bezeugte die göttliche absolute Herrschaft, freiwillig („Jawohl, wir bezeugen es!" 7,172), und übernahm somit die Verantwortung der Einheitsbekenntnis: "(Dies tat er) damit ihr (nicht etwa) am Tag der Auferstehung sagt: 'Wir hatten davon keine Ahnung.' Oder (damit) ihr (nicht) sagt: ‚(schon) unsere Väter haben früher (dem einen Gott andere Götter) beigesellt.'"(7,173). Freier Wille ist sehr wichtig für das Thema, weil davon die Verantwortung der Menschen abhängt, die Verantwortung für die begangenen Taten, in unserem Fall für die gemachten bzw. gemalten Bilder. Freier Wille ermöglicht dem Menschen selbst zwischen Gut und Böse zu wählen. Was aber gut und böse ist, darüber gab es unterschiedliche Meinungen (siehe weiter unten). Der „Bund" mit Gott war damit abgeschlossen und der Mensch hätte seine Verantwortung tragen müssen. Mit der Zeit brach der Mensch diesen Bund (was zur Götzenanbetung führte) und wurde mehrmals von Propheten gewarnt.

Auch die Rolle der Propheten und ihre Existenz überhaupt kann man als Zeugnis von vorhandener menschlicher Willensfreiheit deuten. Denn die Propheten wurden als „Warner" geschickt, um die Menschen zur freien (!) Entscheidung anzuregen, vom Polytheismus zum Monotheismus zurückzukehren.
lehrte ihn jedes Ding mit seinem Namen zu bezeichnen)"(2, 31).
Aber auch in der Sure 41, 53: "Wir werden sie (draußen) in der weiten Welt und in ihnen selber unsere Zeichen sehen lassen....", bzw. Sure 21, 74: "Und dem Lot haben wir Urteilskraft und Wissen gegeben."

Die Aufgabe der Intelligenz und Erkenntnis ist, zu *schahada* zu gelangen und das führt unweigerlich zur Polytheismusnegation. Die Aufgabe des Willens ist es, zwischen dem Absoluten und Relativen zu unterscheiden, und somit zum *tauhid* zu kommen. Das *tauhid,* ist das, was man den Neugeborenen ins Ohr flüstert[126] und das der Sterbende auf den Lippen mit in den Tod trägt. Ein Menschenleben, so könnte man es deuten, ist ein Einheitskreis, der sich vom Wert Null in die Raumzeitdimension- Skala hoch hinausstreckt und wieder zum Wert Null zurückkommt. Die Zeit seiner Existenz wird aber vom Koran begleitet.

Das Ziel ist jedoch, den ursprünglichen „Bund" aufrecht zu erhalten und zur Einheitsbekenntnis zu kommen. Die Methoden und Lehren, die wir in Form der Religionen bekommen, so der Glaube der Muslime, sollten uns dabei helfen unser Ziel zu erreichen. Der Mensch ist eben vergesslich und von dem ersten Monotheisten Adam sind die Menschen immer wieder in die polytheistische Dimension eingetaucht. Im Laufe der Zeit wurden sie wieder erinnert und vorgewarnt.

Der Mensch entwickelte Methoden, wie der *tawwaf,* um mit Gott eine Einheit zu werden. Interessanterweise hat man auf verschiedenen Erdteilen die selben Methoden verwendet, trotz kultureller- und religiöser unterschiede. So sollen die Nasca Darstellungen der Tiere und Insekten, die man nur aus einer bestimmten Höhe erkennen kann, den Ureinwohnern dazu gedient
haben, mit ihren Götter eine Einheit zu werden (indem sie in ihren Ritualen auf den Konturen dieser Zeichnungen liefen, glaubten sie sich mit ihren Göttern vereinen zu können). Dasselbe Ziel hatten auch die Araber, indem sie um ihre Götzen- und Götterbilder herumliefen. Im Islam erinnert sich der Gläubige an das vorgegebene oder gewünschte Ziel durch das tägliche Gebet, in dem er die Koranischen Offenbarungen wiederholt. Die ständige Wiederholung und Wiedererinnerung und damit die Bezeugung des Einheitsbekenntnisses äußert sich im Ausdruckformen aller wissenschaftlichen und künstlerischen Tätigkeiten. Im Bezug auf das Bilderverbot wird die Betonung der Einheit zuerst die absolute Negation des Polytheismus auslösen. Mit der Zeit wurde gerade die Betonung der Einheit Grund für die künstlerische Entwicklung, in der man das Künstlerische an sich als Teil der unglaublichen Vielfältigkeit Gottes ansah. Gleichzeitig ist dieses Einheitsbekenntnis vom transzendenten Gott die Grundlage der Geistesentwicklung, die zu einer Abstraktion in der islamischen Kunst geführt hat.

2.2.5. Prädestination

Vorherbestimmung (*Qadar,* auch als „Maß" zu übersetzen)[127] ist im Laufe der islamischen Geschichte unterschiedlich ausgelegt worden (siehe unten). Es bedeutet Schicksalsbestimmung durch Gott, nach dessen „Maßen" jedes Ereignis

---

[126] Ebd.

[127] Horten, Max: Die Philosophie des Islam, München 1924, S.277.

auf der Erde, von Ewigkeit her, vorbestimmt ist.[128] Der Fatalismus der Dahrija (Atheisten), die an die Himmelssphäre als Höchstsubstanz glaubten, und die daraus resultierende Prädestination,[129] wird abgelehnt.

Doch die Allmacht Gottes (auch in der Prädestinationsfrage) wird im Koran sehr oft betont. Gleichzeitig aber wird nachdrücklich die Eigenverantwortung der Menschen unterstrichen.[130] Prädestination wird aber als Rechtfertigung von Seiten der Bildermacher herangezogen und mit den Versen aus dem Koran untermauert: "Preise den Namen deines (aller)höchsten Herrn, der (den Menschen?) geschaffen und geformt, und der (ihm sein) Maß und Ziel gesetzt und (ihn) recht geleitet hat"(87,1-3). Also glauben die Befürworter der Bilder, dass, indem Gott alles vorgeschrieben hat, er ihre Arbeit auch legitimiert hat, und somit sind Bilder nicht verboten. Die Gegner bedienten sich auch bestimmter Verse aus dem Koran, appellierten an den freien Willen und beriefen sich u.a. auf die Sure 6, 148: "Diejenigen, die (dem einen Gott andere Götter) beigesellen, werden sagen: 'Wenn Gott gewollt hätte, hätten weder wir noch unsere Väter (ihm andere Götter) beigesellt, und wir hätten (auch) nichts für verboten erklärt'", worauf diesen Leuten eine Strafe angedroht wird. Dies wurde auch mit der Geschichte Abrahams aus dem Koran betont (siehe unten). Es gibt mindestens fünf Stufen[131] der Prädestinationslehre, die auch von verschiedenen Bewegungen vertreten wurden:

I) Eine Schicksalsbestimmung, die von den Sternen ausgeht und die Freiheit komplett aufhebt. Vertreten von Astrologen und Wahrsagern (als antiislamisch eingestuft).

II) Gott bestimmt alles Vorgehen durch die Sterne, womit auch die Freiheit der Menschen aufgehoben wird (antiislamisch).

III) Gott bestimmt alles Vorgehen, indem er diese in die Sterne schreibt oder aber direkt bewirkt. Er bestimmt *qadar* und teilt jedem seinen Anteil (*kismet, maqdur = muqaddar* = „das quantitativ Bestimmte", *maqtub* = "das in die Sterntafel Geschriebene") zu.

IV) Die menschliche Freiheit besteht selbständig, ohne dass Gott sie hindern kann oder hindert. Das Lebensglück hängt von der selbständigen Tätigkeit und vom eigenem Fleiß ab. Es ist eine Ansicht des praktischen Alltagslebens und wird von der liberal-theologischen Richtung der Frühzeit akzeptiert.

V) Alle Handlungen sind erschaffen und werden an die Menschen vermittelt (der Mensch eignet sich diese an). Diese Vorstellung wird durch ascharitische Dogmatik geprägt und akzeptiert.

Die Frage der Prädestination ist im Bezug auf das Bilderverbot wichtig und wird in Folge noch diskutiert werden.

---

[128] Ebd.
[129] Ebd., S.46,202.
[130] Armstrong, Karen: Nah ist., S.2,233.
[131] Horten, Max: Die Philosophie., S.268.

2.2.6. Polytheismusverbot

Aus folgenden Zitaten wird ersichtlich wie wichtig es war die „Zeit der Unwissenheit" mit dem neuen Gedankengut zu überfluten und gleichzeitig die Betonung der Einheit, den *Tauhid*, in den Vordergrund zu stellen. Im Koran findet man allerdings keinen Begriff für „Polytheismus".[132] Vielmehr begegnet man ein einziges Mal dem Begriff *schirk* („Tatsache, dass man jemandem einen Teilhaber gibt" oder „Beigesellung") und öfter dessen Formen *mu'schrik* oder *aschraka* (jemand der einen *schirk* verübt).[133]
Zusammenfassend lässt sich dies aber mit Polytheismus oder Heidentum übersetzen, obwohl einige Forscher gegen eine solche europäisch geprägte Begrifflichkeit im Bezug auf dieses Thema sind. Polytheismusverbot ist das eigentliche Bilderverbot, das man auf diese Weise im Koran indirekt wahrnehmen kann.

I Prophet Mohammed

Mit dem Zitat aus der Koranischen Sure 2,151 wird uns klar, dass Mohammed vor allem ein Mensch und dann „der Prophet" war. Einer, der die Aufklärung bringt, eine Aufklärung über die „Zeit der Unwissenheit" und gleichzeitig einen neuen Weg der Weisheit zeigt: „Wir haben ja euch einen Gesandten aus euren eigenen Reihen unter euch auftreten lassen, der euch unsere Verse verliest, euch (von der Unreinheit des Heidentums) läutert, euch die Schrift und die Weisheit lehrt und euch (überhaupt) lehrt, was ihr (bisher) nicht wusstet." Hiermit ist Mohammed als Mensch und keinesfalls als Gott dargestellt. Ähnliches findet man in Sure 62,2 mit zusätzlichem Hinweis: „Früher (in der *Dschahiliya*) befanden sie sich offensichtlich im Irrtum." Hier nimmt das Göttliche Wort eine klare Stellung zum Heidentum ein. Aus dem ersten Teil dieser Arbeit wissen wir was man sich unter dem Heidentum vorstellen kann. Der wichtigste Gedanke dabei ist, dass das Heidentum als Götzenzeit zu gelten hat und somit gegen islamische Vorsätze ist. Außerdem wird hier von Erkenntnis gesprochen, die mit Mohammed kommt. Man wird aufgeklärt und erkennt die Wahrheit, die im Bezug auf das Bilderverbot für unser Thema wichtig ist. Mohammed ist der „letzte Warner" in einer Reihe der Propheten, mit Adam (nach islamischem Glauben der erste Prophet, erste Moslem und der erste Erbauer der Kaaba) angefangen. Weil Mohammed „nur" der Warner und „nur" der Mensch ist, ist er künstlerisch nicht „darstellungswürdig". Darstellungswürdigkeit („Erhöhung" im göttlichen Sinne) ist nur Allah zuzuschreiben, aber der ist nicht in Raumzeitdimension fassbar. Also sollte man dies unterlassen oder das göttliche Wort (als das eigentliche

---

[132] Bobzin, Hartmut: Mohammed, S.52.
[133] Ebd., S.53.

Wunder) darstellen. Obwohl Mohammed gleichzeitig technisch darstellbar war, weil er „nur" ein Mensch war, sollte man trotzdem alle Darstellungsversuche vermeiden, um die Entstehung eines Kultes um Mohammeds Person zu unterbinden. Nur Gott ist anbetungswürdig und kein Mensch. Dies ändert sich bei Schia, worüber ich in Folge schreiben werde.

II   Licht-Finsternis Symbolik

„Der rechte Weg des Glaubens ist (durch die Verkündigung des Islams) klar geworden (so dass er sich) vor der Verirrung (des heidnischen Unglaubens deutlich abhebt). Wer nun an die Götzen nicht glaubt, an Gott aber schon, der hält sich (damit) an der festesten Handhabe, bei der es kein Reißen gibt. Und Gott hört und weiß (alles)" (2,256). Gott ist der Freund derer, die gläubig sind. Er bringt sie aus der Finsternis hinaus ins Licht. Die Ungläubigen aber haben die Götzen zu Freunden. Die bringen sie aus dem Licht hinaus in die Finsternis. Sie (d.h. die Ungläubigen) werden Insassen des Höllenfeuers sein und (ewig) darin weilen"(2,257). Hier wird *Dschahiliya* mit „Finsternis" verglichen und der Islam bringt das „Licht", eine klare Darstellung der Verhältnisse, die man in unserem Fall als ein schriftliches, allerdings nicht ausdrückliches Bilderverbot (= Polytheismusverbot) übersetzen kann (Auch die Zeilen über das Licht werden in der Entwicklung der
islamischen Architektur und Moscheenbau wichtig werden, da das Licht als ein wichtiges Element betrachtet wird). Auch die Strafe für die Götzenanbeter wird hier erwähnt. Wohin das alles führen wird, werden wir bald feststellen. Vorher aber einige Beispiele mehr, denn diese benötigen wir für die folgenden Aufklärungen.

III   Blutopfer

Wie bereits im ersten Teil dieses Buches erwähnt, werden die blutigen Rituale der *Dchahiliya* im Koran verboten und zwar ausdrücklich, womit wir uns wieder beim Verbot einer der polytheistischen Anbetungsmethoden befinden: „Verboten hat er euch nur Fleisch von verendeten Tieren (wörtlich: Verendetes), Blut, Schweinefleisch und Fleisch (wörtlich: etwas), worüber (beim Schlachten) ein anderes Wesen als Gott angerufen worden ist" (2,173). Hier haben wir klare Hinweise auf die polytheistischen Rituale; einerseits „verendetes Fleisch", das man während des Rituals in die dafür bestimmten Erdlöcher, unter dem Götzen, geworfen, später aber auch gegessen hat (hierbei handelt sich aber um ein zusätzliches, für das Thema unwichtiges Verbot, das nicht nur mit dem Anbetungsritus zusammenhängt), anderseits Fleisch, das nicht im Namen Allahs, des „Einen" Gott, geschlachtet wurde. Das bedeutet, dass nur im Namen Allahs ge-

opfert wird und nicht für die Götzen oder ihre Abbildungen. Dieser Ritus ist hiermit auch verboten. Das Blutsverbot richtet sich auch gegen die heidnischen Beschmierungsrituale, bei denen sie die Götzen mit dem Blut der Opfertiere oder in einem Fall sogar mit (nach „Götzenbuch") Menschenblut übergossen oder beschmiert haben. In der Sure 5,3 wird dieses erwähnte Verbot erweitert und deutlicher ausgedrückt: "Verboten ist euch…was auf einem (heidnischen) Opferstein geschlachtet worden ist…".
Dasselbe findet man in der Sure 5,145 und Sure 16,114.
Man soll nicht vergessen, dass ein Götze oft durch ein Bild im Hause ersetzt wurde (im ersten Teil des Buches habe ich schon die Bilder erwähnt, die sich in Privathäusern in Medina befanden) und somit dieselben Praktiken auch vor Bildern im privaten Rahmen durchgeführt wurden. Auch deshalb handelt es sich bei diesen Koranischen Versen um ein Polytheismusverbot bzw. Bilderverbot in diesem Sinne.

IV   *Banat Allah*, Prophet Abraham und der erste Bildersturm (Dschahiliya)

Was der Koran zu den „Töchtern Gottes" sagt, wird aus der Sure 53,19 deutlich: "Was meint ihr mit al-Lat und al-Uzza, und weiter mit Manat?…Das sind bloß Namen, die ihr und eure Väter aufgebracht habt, und wozu Gott keine Vollmacht herabgesandt hat. Sie (d.h. diejenigen, die derartige Wesen als göttlich verehren) gehen nur Vermutungen nach und dem, wonach (ihnen) der Sinn steht, wo doch die Rechtleitung von ihrem Herrn zu ihnen gekommen ist."
Hier wird auch das bereits erwähnte Festhalten an der Tradition der Vorväter betont. Die vorislamischen Araber, besonders im Fall des „Adammytos", hielten an der Tradition der Vorväter fest ohne diese zu hinterfragen. Dies wird hier in Koranischen Versen angedeutet und verurteilt, besonders weil es sich dabei um einen Götzendienst handelt. In der Sure 21,51 werden auch Bildwerke erwähnt, was in unserem Zusammenhang besonders wichtig ist: „Und (schon) früher haben wir doch dem Abraham seine richtige Einsicht gegeben. Wir wussten über ihn Bescheid. (Damals) als er zu seinem Vater und seinen Leuten sagte: 'Was sind das für Bildwerke, denen ihr
euch (in eurem Kult) hingebt?' Sie sagten: 'Wir haben (schon) unsere Väter dabei vorgefunden, dass sie ihnen dienten.' Er sagte: 'Dann waret ihr und eure Väter offensichtlich im Irrtum.' Sie sagten: 'Bringst du uns die Wahrheit oder willst du Scherz (mit uns) treiben (wörtlich: oder bist du einer von denen die spielen)?' Er sagte: 'Nein (mir ist bitterer Ernst)! Euer Herr ist der Herr von Himmel und Erde, die er (beide) geschaffen hat. Das bezeuge ich euch (in aller Form). Und ich werde, bei Gott, eure Götzen überlisten, nachdem ihr den Rücken gekehrt (und mich mit ihnen alleingelassen) habt.'" Oder in der Sure 6,74: "Und (damals) als Abraham zu seinem Vater Azar sagte: ‚Nimmst du dir (denn) Götzen zu Göttern? Wie ich sehe, befindest du dich mit deinen Leuten offen-

sichtlich im Irrtum.'" Ein Hinweis auf das Bilderverbot im Sinne des Polytheismusverbots ist hier kaum zu übersehen.

Abraham, der Prophet, tritt hier eindeutig als „Warner" auf, so wie Mohammed. Abraham, von Gott geleitet, verbietet die alte Tradition, die eigentlich nutzlos und im „Irrtum" ist. Durch das Bekenntnis zum einen Gott, der Erde und Himmel „geschaffen hat", und einer Negation der „Bildwerke" im heidnischen Kult, will Abraham mit einer „Überlistung" der Götzen, als Beweis ihrer Unvollkommenheit, die Leute vom Polytheismus abbringen. In der Sure 21,58 heißt es dazu: „Und er (Abraham) schlug sie in Stücke, ausgenommen einen (Götzen), der ihnen (ebenfalls) gehörte, und der (besonders) groß war. Vielleicht würden sie (d.h. die Götzendiener(später)) zu ihm zurückkehren. Sie (entdeckten das Werk der Zerstörung und) sagten: 'Wer hat dies mit unseren Göttern gemacht? Er gehört zu den Frevlern.' Irgendwelche Leute sagten (wörtlich: Sie sagten): 'Wir haben einen Burschen namens Abraham (in abfälliger Weise) von ihnen sprechen (wörtlich: sie (in abfälliger Weise) erwähnen)) hören: 'Sie (d.h. die anderen) sagten: ‚Bringt ihn her (damit er) vor den Augen der Leute (Rede und Antwort steht)! Vielleicht werden sie (im Verfahren gegen ihn) Zeugen sein (oder: Vielleicht wollen sie dabei sein (und sehen, was mit ihm geschieht)). (Man brachte ihn her.) Sie sagten: ‚Abraham! Hast du das mit unseren Göttern gemacht?' Er sagte: ‚Nein! Dieser da, der größte von ihnen, hat es getan. Fragt sie doch (damit sie euch darüber Auskunft geben), wenn sie sprechen können!' Da wandten sie sich wieder sich selber zu und sagten: ‚Ihr seid diejenigen, die freveln.' Hierauf wurden sie rückfällig (indem sie zu ihm sagten): ‚Du weißt doch, dass die da nicht sprechen können.' Er sagte: ‚Wollt ihr denn an Gottes Statt etwas verehren, was euch weder etwas nutzen noch Schaden zufügen kann? Pfui über euch und über das, was ihr an Gottes Statt verehrt! Habt ihr denn keinen Verstand?'"(21,57-67)

Im gerade zitierten Vers haben wir einen Hinweis auf den ersten Bildersturm der *Dschahiliya*-Zeit, und wenn wir den Koran als historische Quelle heranziehen dürfen, vielleicht den ersten Bildersturm (im arabischen Bereich) der Geschichte überhaupt. Abraham zerstört die Götzen und damit wirkt er als Vorbild für Mohammed selbst, der diese Offenbarungen erhält. Durch diese erste Zerstörung der Bilder bzw. Götzen macht der Koran wiederholt die eigentliche Botschaft klar: Die Götzen taugen nichts und es gibt nur einen Gott.

V   *Tawwaf*, Kaaba

Ich habe bisher einen möglichen Ursprung des *tawwaf*-Ritus erwähnt, der durch die Adamsverehrung ausgelöst wurde. In der Sure 22,26 wird die „Umgangsprozession" auch erwähnt, zusammen mit der Kaaba, wo es heißt: „Und (damals) als wir Abraham die Stätte des Hauses (der Kaaba) als Wohnung anwiesen (und ihm die Verpflichtung auferlegten): ‚Geselle mir nichts (als Teilhaber an meiner Göttlichkeit) bei und reinige mein Haus für diejenigen, die die

Umgangsprozession machen und (andächtig im Gebet) stehen, und die sich verneigen und niederwerfen!" Es handelt sich dabei um erneute Bestätigung der Einzigartigkeit Gottes. Außerdem wird hier Abraham als Bewohner der Kaaba erwähnt, was wir bereits aus der Geschichte Abrahams kennen, wo er zusammen mit seinem Sohn die Kaaba baute (bzw. „erneuerte"). Der Umlaufprozess wird im Koran dennoch gut geheißen, ist somit als symbolischer Ritus gesetzlich (durch *scharia*) anerkannt und wird heute immer noch durchgeführt. In unserem Zusammenhang bedeutet das, dass mit dessen Hilfe eine Fortführung dieser Tradition, zu Gott, zu einer Einheit zurückzufinden ist. Übertragen auf das Thema des Bilderverbots bedeutet das eine Negation des Polytheismus und somit eine Ablehnung jeder polytheistischen Tendenz, die man mit Bilderdarstellungen, so der Glaube, nur fördern würde.

VI Zauberei

Zauberei wird als Satans Wirkung auf die Menschen betrachtet und negativ beurteilt, weil sie nur zum schlechten Tun verführt. Die Zauberer waren in der *Dschahiliya* an der Tagesordnung und deshalb kann man folgende Zeilen als Zauberverbot deuten und weiters als ein Verbot der Praktiken aus der „Zeit der Unwissenheit": „…sondern die Satane, indem sie die Menschen in der Zauberei unterwiesen… Und sie unterwiesen niemanden (in der Zauberei), ohne zu sagen: ,Wir sind nur eine Versuchung (für die Menschen). Werde darum nicht ungläubig.'"(2,102). Auch in der Sure 113 heißt es diesbezüglich: „Sag: Ich suche beim Herrn des Frühlichts Zuflucht…von (bösen) Weibern, die (Zauber)knoten bespucken…"(113,1-4), Zaubern wird somit als schlecht eingestuft und führt zu Verwirrung der Gläubigen, besonders wenn man an das „Bildzaubern" (siehe Teil I dieser Arbeit) denkt, eine Kombination der Wahrsagerei und primitiver Formen darstellender Arbeit. So befinden wir uns hier wieder bei einem Bilderverbot, das in einer Kombination von Bildern und Zaubern nachweisbar ist.

VII Kinder-, Mädchentötung

Ein Verbot eines der grausamsten Riten der vorislamischen Araber (in einigen hinduistischen Gegenden Indiens immer noch nachweisbar) ist in der Sure 6,151 zu finden: „Sag: Kommt her! Ich will (euch) verlesen, was euer Herr euch verboten hat: Ihr sollt ihm nichts (als Teilhaber an seiner Göttlichkeit) beigesellen. Und zu den Eltern (sollt ihr) gut sein. Und ihr sollt nicht eure Kinder wegen Verarmung töten - wir bescheren ihnen und euch (den Lebensunterhalt)." Und auch 6,140: "Die haben (letzten Endes) den Schaden, die in (ihrer) Torheit und in (ihrem) Unverstand ihre Kinder töten, und die verbieten, was Gott ihnen (zum Genuss) beschert hat…" Die bereits erwähnte „Geburtenkontrolle" als eine der gängigen Praktiken aus der *Dschahiliya*, wäre damit ausdrücklich verboten. Es ist eine Gesetzgebung, die die neue Gesellschaft von alten Praktiken abzugrenzen versucht. Bei der Begründung des Bilderverbots kann man sich auch auf dieses Verbot der vorislamischen Handlungen berufen und somit ein entstandenes Bilderverbot als ein weiteres in der Reihe der Verbote, die alte Kulte vernichten sollten, legitimieren.

VIII) *Dschinn*, Propheten Salomo und Noah, Dynamismus und Animismus

Die Geister oder die *Dschinn* (siehe 1.1.) werden oft im Koran erwähnt und somit wird, nach islamischem Glauben, ihre Existenz bestätigt. Sie erscheinen mal bösartig mal gutartig und sogar im Dienste des Propheten Salomo (siehe unten). Die Geisterwelt existierte vor den Menschen, was aus der Sure 15,26-27 ersichtlich ist: "Wir haben doch (bei Erschaffung der Welt) den Menschen aus feuchter Tonmasse(?) geschaffen. Und die Geister haben wir (schon) vorher aus dem Feuer der sengenden Glut(?) geschaffen." Die *Dschinn* stehen im Dienste Salomos: „Dem Salomo wurden seine Truppen - *Dschinn*, Menschen und Vögel - (zu einem Feldzug) versammelt und in Reih und Glied gebracht"(27,17). Weiter im Vers 39, der selben Sure, spricht ein *Dschinn*: „Einer von den *Dschinn*, ein Ifrit, sagte: ‚Ich werde ihn dir bringen, noch ehe du dich von deinem Platz erhebst.'"(siehe unten „Atomismus" diesbezüglich). Äußerst interessant für das Thema des Bilderverbots ist die Sure 34,12-13, in der die Bildwerke, die von *Dschinn* (für Salomo) gemacht(!) sind, mit keinem Wort verboten werden: "Und *Dschinn* (machten wir ihm dienstbar, solche),(oder: Und es gab *Dschinn*), die mit der Erlaubnis seines Herrn vor ihm (allerlei schwierige) Arbeiten ausführten. Diejenigen von ihnen, die unseren Befehl missachteten (wörtlich: von unserem Befehl abschweiften), bekommen von uns die Strafe des Höllenbrandes zu spüren. Sie machten für ihn, was er wollte: Paläste, Bildwerke (siehe Überlieferung der *Schia* als Kommentar dazu), Schüsseln (so groß) wie Tröge und (auf Füßen) feststehende Kochkessel." Die Zusammenarbeit der *Dschinn* mit Salomo wurde auch als Legitimation der Bildermacher für ihre Arbeit herangezogen, denn wenn schon für Salomo die Bildwerke „gut" Sind, warum sollten die es auch dann nicht für alle anderen sein!? Die Gegner beriefen sich aber auf die ausdrückliche Erlaubnis Gottes für diese Tat der *Dschinn*, denn: "Dem Salomo wurden(...)versammelt und (...) gebracht" (es wurde von Gott für ihn vorbereitet). Auf dieselbe Weise wurde im Bezug auf Jesus` „Vogelbelebung" argumentiert (3,49), was noch zur Sprache kommen wird.

Hiermit haben wir aber auch einen wichtigen Beweis als Gegenthese eines islamischen Bilderverbots. Salomo, vom Koran und somit im Islam anerkannter Prophet, also ein Moslem, wünschte sich Bildwerke („machten für ihn was er wollte: Paläste, Bildwerke..." 34,13), die von Dämonen, allerdings mit göttlicher Erlaubnis ausgearbeitet sein sollten! Wichtig ist hier sein (Salomos) ausdrücklicher Wunsch dazu (Willensfreiheit). Darauf: „Und die *Dschinn* (Satane)(machten wir ihn dienstbar, solche)(oder: Und es gab *Dschinn*), die mit der Erlaubnis seines Herrn vor ihm (allerlei schwierige) Arbeiten ausführten"(34,12). Die *Dschinn* sind in diesem Fall (obwohl „Satane") im „guten Dienste" und sollten für Gläubige akzeptabel sein.

Die Rolle der *Dschinn* wird aber später in Zusammenhang mit dem Bilderverbot von Theologen negativ ausgelegt, weil nach Glauben der Araber Menschen Wohnstätten der *Dschinn* sein können. Menschen sind von *Dschinn* beeinflusst, besonders die Zauberer, Dichter und Künstler (siehe 2.3.: in den Sphären des materiellen Aufbaus können *Dschinn* aus der von ihnen teilweise bewohnten Sublunarischen Sphäre auch zu Mondsphäre emporsteigen und die „gesammelten Informationen" als „Inspiration" an die Menschen weiterleiten). Ab dem 7.Jh. wird das im negativen Sinne ausgelegt. Die Künstler, so wird begründet, werden durch die *Dschinn* zu ihrem Können geleitet (so wie Salomo). Da aber der Mohammed der letzte Prophet war und somit die Reihe der Propheten abgeschlossen ist, können die Künstler, weil sie keine Propheten sind, keine göttliche Erlaubnis für diese Art der „Aushilfe" erhalten, so wie Salomo das hatte (denn der war auch ein Prophet). Somit machen sich die Künstler Satane dienstbar (und vergleichen sich somit mit Propheten, was als Ketzerei bewertet wird), oder aber umgekehrt und verleiten die Zuschauer, Kunstbewunderer und das gemeine Volk zum Irrtum, oder schlimmer noch, zum Götzendienst. Das Ziel des Teufels, so der Glaube, ist es, die Menschen vom rechten Weg abzubringen. Also werden die *Dschinn* als „Verführer" abgetan. Außerdem ist die Geschichte von Abu b. Luhai, den die *Dschinn* zur Ausgrabung der Gottheiten Wadd, Suva, Jauq und Jagtut angestiftet und somit die Zeit der *Dschahiliya* ausgelöst haben, nicht in Vergessenheit geraten - im Gegenteil; Sie ist, meiner Meinung nach, einer der Auslöser (Tendenz) des Bilderverbots.

Vielleicht passiert dies auch deswegen, weil im Koran der Glaube an die *Dschinn* trotz der positiven Darstellung im „Fall Salomo" ins „negative Licht" gestellt wird, wie aus der Sure 34, 40-42 ersichtlich ist: "Und am Tag (des Gerichts), da er sie (d.h. die Menschen und Engel(und *Dschinn*)) alle (zu sich) versammelt! Hierauf (wenn alles versammelt ist) sagt er zu den Engeln: ‚Haben die da (in ihrem Erdenleben) euch verehrt?' Sie sagen:‛ Gepriesen seist du! (Wie hätten wir so etwas zulassen können!) Dich haben wir zum Freund, nicht sie. Nein, die Dschinn haben sie verehrt. Die meisten von ihnen glauben an sie.'". Danach wird den „Frevlern" das Höllenfeuer als Strafe angedroht. „Die Ungläubigen sagen (angesichts der Höllenstrafe): ‚Herr! Zeig uns diejenigen *Dschinn* und Menschen, die uns (in unserem Erdenleben) irregeführt haben, damit wir ihnen den Fuß auf den Nacken setzen...'" Die Sure 72, mit dem Titel „Die *Dschinn*", spricht über das Glaubensbekenntnis der *Dschinn*: „Sag: Mir ist (als Offenbarung) eingegeben worden, dass eine Schar *Dschinn* (mir beim Vortrag des Korans) zuhörten und daraufhin (zu ihren Artgenossen) sagten: ‚Wir haben einen erstaunlichen Koran gehört, der auf den rechten Weg führt, und wir glauben nun an ihn und werden unseren Herrn niemand (als Teilhaber an seiner Göttlichkeit) beigesellen.'"

Die *Dschinn* bekennen sich zum Islam, und agieren wie Menschen. So gibt es gläubige und ungläubige *Dschinn*.

Durch den „Fall Salomo" wird die spätere Entwicklung der „erlaubten Magie"[134] bzw. der „Weißen Magie", also der Zauberei (*sihr*) zur Heilung oder Schutz vor schwarzer Magie, auch in orthodoxen Kreisen teilweise legitimiert und akzeptiert. Über die Dimension der *Dschinn* und dem Verhältnis *Dschinn* - Mensch wurde detailliert berichtet[135] und die Thematik soll hier nicht im Detail ausgeführt werden. Wichtig zu betonen ist, dass der Glaube an die *Dschinn* das Bilderverbot entscheidend mitgeprägt hat.

Die dynamistischen Vorstellungen, wonach von den Dingen aus der uns umgebenden Natur Kraftwirkungen ausgehen, die alles beeinflussen und zum Guten bzw. Bösen umgestalten, finden sich in der islamischen Welt überall in der Literatur verstreut.[136] Auch die Veränderungen in den Weltvorgängen sollen auf diese Kräfte zurückgehen. Diese Vorstellungen waren sehr einflussreich in vorislamischer Zeit und wurden auch im Islam übernommen, wonach z.B. der Siegelring Salomos eine Kraft der Beherrschung der sublunarischen Welt hat (siehe „Materieller Weltaufbau" unten). Demnach konnte man auch das „Thronwunder" (siehe unten) erklären (was aber nicht zur orthodoxen Lehre über die alleinige Herrschaft Gottes auch über die sublunarische Welt passt).

Die Zauberei, Alchemie, Talismane als „Schutzvorrichtung" (*hidschab*) vor „bösen Blicken" und anderen Zauberpraktiken funktionieren nur aufgrund dieser dynamistischen Vorstellungen.

Die dynamistische Weltanschauung unterscheidet sich von der animistischen, weil hier die bereits mehrmals erwähnten *Dschinn* als einflussreiche Wesen agieren. Diese Gespenster mit luftartigen Körpern bevölkern eine uns umgebende Dimension, können aber mit Menschen in Kontakt treten und diese sogar heiraten. Wie schon erklärt, können diese Wesen auch in anderen Formen auftreten und werden von Menschen womöglich nur als solche erkannt.

Dynamistischer und animistischer Weltaufbau hatten jeweils einen Einfluss auf die Betrachtung der Künstler und wurde je nach politisch-geistiger Auffassung beliebig gedeutet. Für die Kunstbefürworter sind diese Kräfte positiv und beeinflussen Künstler auf positive Weise, während sie für Kunstgegner als dämonische Kräfte auf die Menschen einwirken und sie zum Bösen leiten. Das Bilderverbot wurde auf diese Weise auch von diesen allgemein akzeptierten Weltanschauungen (der Koran bestätigt ja die Existenz von *Dschinn*) mitbeeinflusst.

---

[134] Bürgel, Johann Christoph: Allmacht., S.39.
[135] Hentschel, Kornelius: Geister, Magier und Muslime, Dämonenwelt und Geisteraustreibung im Islam, München 1997.
[136] Horten, Max: Die Philosophie., S.265.

IX) Prophet Jesus, „Vogelbelebung", Form

Ein wichtiger Moment in der Entwicklung des Bilderverbotsgedankens war die sog. „Vogelbelebung", die auf der Sure 3,39 basiert, in der Jesus zitiert wird: "'Ich bin mit einem Zeichen von eurem Herren zu euch gekommen (das darin besteht?), dass ich euch aus Lehm etwas schaffe, was so
aussieht, wie Vögel. Dann werde ich hineinblasen, und es werden mit Gottes Erlaubnis (wirkliche) Vögel sein.'"
Dieser Vers wurde von Orthodoxen als Beweis alleiniger Schöpferischer Macht Gottes gedeutet und jeder Versuch ähnliches zu tun (jede künstlerische Tätigkeit die einen Schaffungsprozess einbezieht) ist nur Blasphemie, weil es sich dabei um einen „Vergleich" mit Gott handelt (dabei bezogen sie sich z.B. auf die Überlieferung Sunna IV, siehe unten). Die Künstler ihrerseits zogen eben diesen Vers als Legitimierung ihrer Arbeit heran und beriefen sich auf die Bildende Tätigkeit eines Propheten (den schöpferischen Akt der Formgebung der zu behandelnden Lehm-Materie) und schlossen dabei die Vorstellung der „Belebung" aus, denn sie unterschieden zwischen „Lebendigem" (das nur durch Gottes Macht ist) und „nicht Lebendigem" (das durch die freie Handlung der Menschen entstehen kann und dabei nicht mit göttlicher Schöpfungstätigkeit verglichen werden kann).

Diskussionen über Darstellungen von Lebewesen (Menschen, Tiere) und „nicht Lebendigem" (Pflanzen, Materialien), die im Zuge der Entstehung des Bilderverbots stattfanden, werden in Folge besprochen werden.

Die Frage der Formgebung ist gerade angesprochen worden und wird im Koran deutlich ausgedrückt: „'Ich werde einen Menschen aus feuchter Tonmasse(?) schaffen. Wenn ich ihn dann geformt und ihm Geist von mir eingeblasen habe, dann fallt (voller Ehrfurcht) vor ihm nieder!'."(15,28-29) Gott ist der Schöpfer und Formgeber: "Er (allein) ist Gott, der Schöpfer, Erschaffer und Gestalter."(59,24) Wie beurteilte die Orthodoxie diese Verse? Sie warfen den Künstlern eine Nachahmung göttlicher Tätigkeit vor, weil sie eben gegen diese Verse verstoßen haben sollten. Die Ascharitten boten eine Lösung an, indem sie in der Frage nach Willensfreiheit (also künstlerische Tätigkeit inbegriffen) eine eigene Theorie entwickelten (siehe unten: „Aneignung"). Die Kunstbefürworter mussten nach Lösungen suchen, die in ständiger Betonung der Göttlichen Allmacht endeten oder aber durch die politische Lage begünstigt wurden (betonte Herrscher-Ikonographie, die sich mit der Zeit entwickelte; schwächte stark die ursprünglich starken Bilderverbotstendenzen). Allgemein akzeptiert wurde der Gedanke der Formgebung, die von Gott allein ausgeht.

Ohne dass ein direkter Bezug zur Kunst oder gar zum Bilderverbot gezogen wird, taucht der aristotelische Gedanke der Kunst als Nachahmung der Natur (Mimesis), in Traktaten al-Farabis (ca.870-950), Ibn Sinas (Avicenna, 980-1037) und Ibn Rushds (Averoes, 1126-1198) auf. Zusammen mit al-Ghazalis Abhandlungen über die Empfindung der Schönheit, die er als eine Reflexion des

Inneren auffasst, entwickelte sich im Zuge dieser Diskussionen eine Unterscheidung zwischen Sinn (*maana*) und Form (*sura*).[137] Nach Meinung von Rudi Paret unterschied man im Arabischen nämlich anfangs nicht zwischen „bilden", „gestalten", „nachbilden" und „nachgestalten", weil beides mit dem von *sura* („Bild", „Gestalt") abgeleiteten Zeitwort *sauwara* ausgedrückt wird. In der oben zitierten Sure (59,24) wird der „Gestalter" (Gott) als *musauwir* bezeichnet.[138] Damit erklären sich auch mögliche Missverständnisse in Diskussionen über Bilder bzw. Formgeber oder Schöpfer, denn auf diese Weise konnten die „Bildermacher" leicht mit „Gestalter" bzw. „Formgeber" (im Sinne von Gott) verstanden werden. Dieses Problem ist auch als eine der Ursachen des Bilderverbots zu deuten. In diesem Sinne sind auch die in diesem Absatz zitierten Verse und die diesbezügliche Aufklärung zu verstehen.

2.3. Lehre von Unnachahmlichkeit des Korans (*idschaz*)[139] und Trinitätsglaube im Bezug auf das Bilderverbot

Verbunden mit der ascharitischen Lehre von der Unerschaffenheit des Korans (siehe unten) betont die *idschaz*-Lehre den göttlichen Ursprung der Koran-Verse. Mohammed beanspruchte keine Fähigkeit der Wundervollbringung im üblichen Sinne, sondern wies auf die Offenbarung als ein Wunder hin, das von Gott an die Menschheit geschickt worden ist.[140]

Die „Wunderzeichen" (*ayat*) sind das Wunder, das man, entsprechend der Zeit, in der Mohammed als Prophet seine Aufgabe vollbrachte, mit medizinischen Wundern eines Jesus oder der Zauberei Moses vergleichen kann.[141] In diesem Fall war die Rhetorik das Ausdrucksmedium (Dichtung war das anerkannte Medium). Auch dies, also die Lehre von der Unnachahmlichkeit des Korans (weil von Gott und nicht von Mohammed), ist eine wichtige Tendenz und eine der Ursachen des Bilderverbots. Nicht die figurativen Darstellungen von der Natur, die uns umgibt, also der Schöpfung Gottes, sollen das eigentliche Wunder darstellen, da, so der Glaube, dies nur eine schlechte Nachahmung (siehe unten: mehr zur möglichen Verbindungen chinesischer Ideologien und daraus ersichtlichen Vergleichen zum Bilderverbot) wäre.

---

[137] Grabar, Oleg: Die Moschee, in: Hattstein, M. u. Delius, P.: Islam-Kunst., S.48
[138] Paret, Rudi: Das islamische Bilderverbot in: Das Orientteppich-Seminar, Heft 8, Tübingen 1975, S.2.
[139] . *Mudschiza* („Wunder") ist Partizip der IV. Form des Verbums *a`dscahza* (Unnachahmlichkeit). *Idschaz* leitet sich daraus ab und bedeutet: göttliche Beschaffenheit, göttlicher Ursprung des Korans, der als „Wunder" Mohammeds verstanden wird und gleichzeitig, weil von Gott, Unnachahmlichkeit des Korans, in: Antes, Peter: Prophetenwunder in der As`ariya bis al-Gazali(Algazel), Freiburg am Breisgau 1970, S.27,29,81.
[140] Bürgel, Johann Christoph: Allmacht., S.29.
[141] Ebd.

Die Wunderzeichen (*ayat*) sind nämlich selbst das Darstellungswürdige. In Folge kam es zur Entwicklung der Kalligraphie als Ausdrucksweise dieser Vorstellung.

Ein zweiter Aspekt dieses Problems ist das Dogma über „Erschaffenheit" und „Unerschaffenheit" des Korans, das, wie wir sehen werden, verschiedene Auslegungen findet.

Man sieht in der Stellung Christi im Christentum, als „Logos", also „Wort" Gottes, eine Dogmatik über die Natur Christi, die einen Einfluss auf die islamische Auffassung der „Unerschaffenheit" des Koran hatte.[142] Demnach ist Jesus für Christen das, was der Koran für den Islam ist: eine „Inlibration",[143] anstatt christlicher Inkarnation. Der Koran ist demnach „unerschaffen", also das wahre Wort Gottes, weil Mohammed „*ummi*" (lesensunkundig) und somit das „Reine Gefäß" (im Vergleich zur Jungfrau Maria als „Empfängerin") für den Empfang dieser „Botschaft" war. Das Problem des Wesens des Korans wurde unterschiedlich aufgefasst und prägt somit auch das Bilderverbot. Während er für eine Richtung als in unserem Sinne darstellungswürdig galt, ja als einziges Motiv, das man darstellen sollte, waren die „Zeichen" (*ayat*) des Korans für die gegnerische Richtung rational erschließbar und somit (seine „Zeichen") nicht als einziges Wunder darstellungswürdig. Trotz dieser Unterschiede respektierte man, zumindest im sakralen Bereich eine Vormachtstellung der Darstellungswürdigkeit von „*ayat*" und hielt sich auch daran.

Im Bezug auf Jesus und den Trinitätsglauben nahm der Islam eine klare Stellung ein, was auch im künstlerischen Bereich ein unüberhörbares Echo erklingen ließ. Jesus ist eindeutig nicht als Sohn Gottes zu verstehen und somit wird der Trinitätsglaube abgelehnt (siehe Koran 5,72-74).

In Anbetracht der christlichen Kirchen (siehe unten *Hadith* darüber) und den Darstellungen von Jesus wurde damit klar, dass Prophetendarstellungen untersagt sind. Nicht nur, weil die christlichen Künstler für die Muslime (dem Koran nach) das Unwahre darstellten, sondern auch weil diese
Darstellungen eine „Abstufung" göttlicher wahrer Größe waren, die man aber auch als Beigesellung (Polytheismus) ansah (bekannt sind die Marienbildverehrungen im christlichen Kult, die heftige Diskussionen in der christlichen Welt ausgelöst haben und genau dies u.a. wollte man hier vermeiden). Nicht die Propheten sind anbetungswürdig, denn sie waren „nur" Menschen und vor allem „Warner", sondern Gott (in diesem Fall „Wort Gottes", *ayat*). Er ist der einzig Darstellungswürdige. Auch die christliche „Kreuzigungsikonographie" wurde mit dem Koran durch die Bestätigung der falschen Annahme über den Kreuztod Jesu darstellungsunwürdig: "Und wenn sie sprechen: Wir haben den Messias Jesus, den Sohn der Maria, den Gesandten Allahs, getötet - nicht haben sie ihn getötet und nicht gekreuzigt, sondern es erschien ihnen nur so. Vielmehr erhöhte ihn Allah zu sich, und Allah ist allmächtig und weise"(4,157).

---

[142] Schimmel, Annemarie: Die Religion., S.66.
[143] Schimmel A. über den von Harry A. Wolfson geprägten Begriff in: Ebd.

Durch den unten zitierten *Hadith* (Sunna, XII) und die diesbezüglich deutlichen Hinweise im Koran, lehnte man den Trinitätsglauben und die darauf begründete Darstellungsthematik ab, was zu einer weiteren starken Tendenz zur Heranbildung eines Bilderverbots führte.

2.4. Überlieferung (*Hadith*)- *Sunna* und *Schia*, Konflikt, Gesetzgebung und Beziehung zum Bilderverbot

Nach dem Tode Mohammeds (geb.570-632) entstand in der neu gebildeten islamischen Gemeinde ein Streit über seinen Nachfolger. Dadurch kam es zur größten Spaltung der islamischen Gemeinde, die sich nicht nur geistig, sondern auch militärisch bekämpfte. Die Hauptursache war die Annahme, dass Mohammeds Nachfolger nur aus seiner Familie stammen (aus dem Stamm des Propheten)[144] und in der Lage sein kann die Gemeinde zu führen. Sie erkannten die Regierung der Omaiyaden an und wurden Sunniten (Traditionalisten) genannt.

Die zweite Gruppe, die Charidschiten, trennte sich von Ali (Mohammeds Vetter und Schwiegersohn) und der omaiyadischen Herrschaft. Er förderte die Gemeindeführung nur durch jemanden, der dazu die Fähigkeit besitzt, unabhängig von seiner Herkunft und unter der Voraussetzung dass er der frommste Gläubige in der Gemeinde ist.[145] Die Abspaltung der Charidschiten fand in der Schlacht zwischen Ali und Muawiya statt, nachdem Muawiya angesichts des drohenden Verlustes seinen Soldaten befohlen hat die Koranblätter auf die Lanzen zu stecken und die Schlacht durch „Gottes Wort" zu entscheiden. Weil Ali nach Meinung der Charidschiten nicht auf die göttliche Entscheidung reagierte (diese Tat von Muawiya betrachteten sie als prädestiniert), entstand ein Konflikt über die rechtsmäßige Leitung in der Gemeinde. Die Charidschiten akzeptieren keinen Glauben ohne Werke und glauben an die Zunahme des Glaubens durch gute Werke.[146]

Nach ihrem Glauben gehört jeder, der eine Sünde begeht in die Hölle. Die größten Sünden sind für sie dabei Zauberei, Abgötterei und Mord. Für unser Thema ist wichtig, dass diese Gruppe Zauberei und Polytheismus, falls sie betätigt werden, als nicht wieder gut machbare Sünden ansieht. Unter dieser Atmosphäre ist auch eine Angst der Künstler, etwas „Falsches" zu tun, verständlich und spricht für die Tendenz der Ausbreitung des Bilderverbots. Diese Gruppe zählt heute über eine Million Anhänger, während die Sunniten die meist verbreitete Gemeinschaft darstellen.

Die dritte Gruppe, die sich um Ali gesammelt hat, die Partei (*Schia*) genannt wurde (heute zweitstärkste islamische Gemeinschaft), vertrat die Meinung, dass nur Mohammeds Blutsverwandter und dessen Blutsverwandte gesetzliche Nachfolger werden können (begründet u.a. auf der, von Schiiten angenommenen

---

[144] Khoury, Adel Theodor: Islam., S.28.
[145] Ebd., S.29.
[146] Schimmel, Annemarie: Die Religion., S.67.

Aussage Mohammeds, in der er Ali als seinen Nachfolger bestimmt hat). Für unser Thema sind die militärische Einzelheiten dieses Kampfes unwichtig, sondern lediglich die Lehren interessant, die sich diesbezüglich entwickelten. Denn diese Lehren nahmen Einfluss auf das Bilderverbot und prägen dessen Entwicklung auch heute noch.

2.4.1. Rechtsschulen und Gesetzgebung

Gleichzeitig mit der Spaltung der Gemeinde entstanden im Laufe der Zeit (unter der Abbasiden-Kalifen-Dynastie 750-1258) vier bis heute anerkannte Rechtsschulen, die das islamische allgemeine Gesetz, die *scharia* („der Weg"), anhand des Korans und der Überlieferung, formulierten und geltend machten. Diese Schulen prägten die Auslegung des Bilderverbots und durch verschiedene Auffassungen, innerhalb der Rechtsschulen, kam es diesbezüglich zu unterschiedlichen Auslegungsweisen.
Die Rechtsschulen untereinander bekennen sich, obwohl sie in manchen Fragen unterschiedlicher Meinung sind, zu „vier Wurzeln der Rechtswissenschaften" (*usul al fiqh*) und die sind: der Koran, die Überlieferung, der Analogieschluss (*qiyas*) und der Konsens (*idschma*). Der Analogieschluss beruht auf den Vergleichen mit bereits vorgekommenen Fällen, besonders denen, die den Propheten betrafen. Konsens beruht auf der Übereinstimmung der Rechtsgelehrten, denn: "Niemals wird meine Gemeinde in einem Irrtum übereinstimmen", soll der Prophet gesagt haben.[147] Zusätzlich zu diesen vier Schulen wird die Rechtsschule, die als dchafaritische, nach dem Imam Dschafar as Sadiq (gest.765) benannt ist, von den Schiiten anerkannt, die aber das Prinzip des *idschtihad* befolgt, demgemäss einzelne Gelehrte „den göttlichen Willen neu ermitteln dürfen".[148]
Die Schule der Hanafiten (nach Abu Hanifa 699-767) gilt als besonders liberal, indem sie dem Verstand und der Bemühung der Gelehrten eine große Rolle einräumt. Diese Schule ist die bis heute am weitesten verbreitete und ist in der Türkei, im Vorderem Orient, Indien, Pakistan, Tunesien, Teilen Ägyptens, Syrien, Libanon, bei den Sunniten des Irak, Jordanien und China vorherrschend.[149]
Die Schule der Malikiten (Malik ibn Anas 715-795) befolgt das juristische Modell der frühesten islamischen Gemeinde in Medina und dem ersten Nachfolger Mohammeds (I.Kalif Abu Bakr).[150] Diese Schule befolgt den Analogieschluss und Konsens und gilt als eher konservativ. Gebiete unter Einfluss dieser Schule sind: Oberägypten, Sudan, Nordafrika-Marokko und Länder in Schwarzafrika mit islamischer Mehrheit.[151]

---

[147] Khoury, Adel Theodor: Islam., S.27.
[148] Weiss, Walter M.: Islam-DuMont, S.42.
[149] Ebd., S.41.
[150] Khoury, Adel Theodor: Islam., S.27.
[151] Ebd., S.28.

Die Schule der Schafiiten (nach Schafi 767-820) betont speziell den Konsens als rechtsgebend und ist in Malaysia, Indonesien, Philippinen, Ostafrika, Hidschaz/Arabien und Unterägypten besonders einflussreich.

Die Schule der Hanbaliten (nach Ahmad ind Hanbal 780-855) ist in Saudi Arabien geltend und betont die Verbindlichkeit des Korans und der Überlieferung und erkennt keine andere Methode der Rechtsgebung an. Als praktisches Modell soll die Gemeinde unter dem Propheten dienen.

Verschiedenste Auslegungsweisen der Gesetze, besonders aber die schiitische Methode der Rechtsgebung stand im starken Konflikt mit den Traditionalisten, so dass dieser Unterschied einen weiteren Konfliktgrund darstellte. Durch die Entwicklung des Martyrerkultes um Ali und seine Familie (Ali und einige seiner Nachfolger wurden ermordet. Details sind aber nicht relevant für das Thema) und durch die in ihrem Glauben verankerten Erwartungen des Mahdi (12.Imam) unterschieden sich die schiitischen in besonderem Maße von den sunnitischen Weltanschauungen (beide Weltanschauungen wurden durch eigene gedeutete Gesetze auch rechtskräftig). Im Bezug auf unser Thema, endete das in einer Märtyrerikonographie im künstlerischen Bereich der Schiiten.

2.4.2. Innerschiitische Struktur und darauf basierende Lehren

Die schiitische Lichtlehre besagt, dass aus dem verborgenen Urlichte die Emanation folgt, also eine Manifestation im „Lichte Mohammeds", die aber mit seinem Tod nicht aufhört.[152] Dieser „Lichtkern" pflanzt sich in den nachprophetischen Gemeindeführern, den Imamen, fort. Dadurch sind diese offiziell dazu berechtigt, die Menschen in der jeweiligen Zeit zu führen. Ihre Führung ist unbestritten, weil sie vom Urlicht die göttliche Weisheit übermittelt bekommen. Zwölf Imame folgten aufeinander (die Namen und geschichtlichen Entwicklungen scheinen mir in diesem Zusammenhang unwichtig und deshalb führe ich nur die Ereignisse an, die für das Thema relevant sind) und der zwölfte Imam lebt im Berg Ridwan, wo er die Handlungen der Schiiten leitet und am Ende der Zeit, so sagt es der Glaube, wird er ein „Reich der Gerechtigkeit" auf der Erde gründen und den Schiiten zum Sieg ihrer Religionsrichtung verhelfen.[153]

Den Ursprung dieses Glaubens kann man in vorislamischen, der Sonne und dem Mond als Verehrungsmedien zugewandten Kulten (z.B. Ägypten, der Sonnengott) suchen. Daraus erklärt sich die Verfolgung von Manifestationsverkündern wie Hallag und Suhrawadi, die dem orthodoxen Glauben nach zur Entwicklung ihrer Lehren nicht berechtigt waren.[154] Die Vertreter dieses Glaubens nennt man

---

[152] Horten, Max: Die Philosophie., S.133.
[153] Ebd.
[154] Ebd., S.134.

Imamiten. Zahlenmäßig sind sie die stärkste Gruppe innerhalb der Schia („Zwölfer- Schia").[155]

Innerhalb der schiitischen Gemeinde bildeten sich auch die unterschiedlichsten Bewegungen und einige davon sollten hier erwähnt werden, denn diese verschiedenen Auffassungen des Glaubens führten zu unterschiedlichem Verständnis bzw. zur weiteren Konfusion und einer stärkeren Liberalisierung des Bilderverbots.

Durch die Negation der Lehren des Korans wurde nämlich auch eine diesbezügliche Haltung zu Bildern (Vielgötterei, Beigesellung) negiert, was eine „Abschwächung" dieses Verbotsgedankens begünstigte. Nun folgen einige Beispiele:

a) Die Batanija

Die Batanija-Bewegung hatte sich zur Aufgabe gemacht den Koran-Texten einen „inneren Sinn" zu geben.[156] Nach ihrer zyklischen Weltauffassung muss nach berechenbaren Perioden, die mit Sternen- und Planetenbewegungen zusammenhängen, auf Erden eine neue Manifestation der Gottheit stattfinden.[157]

b) Der Muqanna

Muqanna (gest.780) oder „der Verschleierte", bekannte sich als Manifestation Gottes und glaubte nicht an Mohammed als „Siegel der Propheten", sondern vertrat die Auffassung, dass nach Mohammed weitere Propheten kommen würden, um die Offenbarungen zu vollenden (einschließlich der politischen Ziele).[158]

c) Die Ismailiten

Die Siebener-Schiiten oder Ismailiten sind auch das Resultat der inneren Spaltung innerhalb der Schia selbst. Denn nach dem Tod des 6. Imams Dschaffar as Sadiq (765) wurde die Macht auf seinen Enkel, weil Dschaffars Sohn Ismael, der geplante Nachfolger, schon vorher gestorben war, Musa al Kazim und dann auf dessen Nachfolger bis zum 12. Imam, übertragen. Der andere Teil der Schiiten übertrug die Macht auf den anderen Sohn Ismaels, Mohammed, und seine Nachfahren. Richtig kompliziert wurde die Geschichte aber mit dem Tod des Sohnes Mohammed, denn einige erkannten nur Mohammed als den letzten Imam an (7.Imam, und dadurch die „Siebener-Schia"), der am Tage des Gerichts wiederkehren wird, während die anderen auch an seine Nachfolger bis zum 12. Imam glaubten. Aus der zweiten Gruppe, den sogenannten „Zwölfer-Schiiten", bildete sich im 9.Jh. u.a. die Bewegung der Qarmaten. Wichtig zu betonen ist,

---

[155] Khoury, Adel Theodor: Islam., S.29.
[156] Horten, Max: Die Philosophie., S.134.
[157] Ebd., S.135.
[158] Ebd.

dass hier eine indirekte Verbindung zum Bilderverbot besteht, denn diese Beispiele zeigen uns wie sich die Machtpositionen der islamischen Gesellschaften entwickelten. Gleichzeitig wird somit auch die Gesetzgebung dargestellt, die sich dann wiederum auf das Bilderverbot ausgewirkt hat (denn dadurch kam es zu Unterschieden zur traditionellen Auffassung bezüglich des Bilderverbots).

d) Die Nusari

Weiters sind die Nusari zu nennen, die ihren Gott in Ali sehen, der erscheinen wird, um die endgültige Offenbarung zu
bringen. Sie sind somit in ihrem Glauben mit der Ali-ilahi-Sekte, Qyzylbas, Thtagy (Kleinasien) und Mutawile-Bewegung (Libanon) zu vergleichen.[159]

e) Die Assasinen

Die Assasinen (die Haschischfresser) waren dem Verborgenen (Imam) im Berg bis zum Tode ergeben.[160] Die Ergebenheit gegenüber dem Meister der Sekte ist bei ihnen der Weg zur Erkenntnis (also ein starker Unterschied zur traditionellen Auffassung).

f) Die „Fünfer-Schia"

Die „Fünfer-Schiiten" glauben an den 5.Imam als den „eigentlichen" Imam und sind einer innerhalb dieser Bewegungen liberaltheologischen Richtung gefolgt. Bei ihnen ist der Imam der Träger von „Gerechtigkeit und Einheitsbekenntnis (*tauhid*)".[161]

g) Die Bektaschija

Die Bektaschija-Bewegung behauptete sogar, dass Mohammed eigentlich Ali war und Allah selbst Ali ist. Eine andere Gottheit gibt es für sie nicht.[162] Ihr Glaube ist auf der Annahme begründet, dass in Gestalt der Propheten Gott selbst agierte, der musste aber eine menschliche Gestalt annehmen, um sich zu manifestieren.[163] Diese organisch-biologische Verbindung mit Gott kam bereits bei Hallag zur Sprache und war somit im vorderen Orient nicht unbekannt.[164]

---

[159] Ebd., S.137.
[160] Ebd., S.138.
[161] Ebd.
[162] Ebd., S.141.
[163] Ebd.
[164] Ebd.

h) Die Scheihi-Sekte

Die Scheihi-Sekte setzte Logos mit Weltverstand gleich und als wesensgleich mit Gott. Durch den Logos funktioniert in der Welt alles.[165]

i) Die Ahbari

Die Sekte der Ahbari (ahbar wörtl. „Die Prophetentradition") stellt fest, dass alle innerislamischen Bewegungen nur Versuche sind die *haqiqa*, die eigentliche Wahrheit und den letzten Sinn der Welt zum Ausdruck zu bringen. Wie allen Propheten Erscheinungen gleich sind (mit dem selben Ziel), so glauben sie, dass auch alle Versuche, die *haqiqa* zu erklären, gleich sind und zu nichts als zum selben Ziel führen.

Was diese durch verschiedene Ansichten verursachte Konfusion hervorbringen kann, zeigt ein Fall, der 1885 sogar zu militärischen Konflikten geführt hat. Im Jahr 1885 trat der angebliche „letzte Mahdi" (der Zwölfte Imam) im Sudan auf und löste blutige Konflikte u.a. mit Engländern aus. Sowohl die sunnitische als auch die schiitische Glaubensrichtung erwarten einen Mahdi. Bei den Sunniten handelt es sich dabei nicht um einen Erlöser im christlichen Sinne, sondern es geht dabei vielmehr um eine Wunschvorstellung nach politischer Führung mit dem Ziel, die eigene Glaubensrichtung zur allgemeingültigen zu machen. Die schiitische Mahdi-Vorstellung hat etwas mit der christlichen Erlöserfigur gemeinsam. Der schiitische Mahdi ist der „verborgene Imam" und je nach Schulrichtung, der siebente oder zwölfte, der verborgen bis ans Ende der Zeit wartet, um dann zu erscheinen und den Schiiten zum Sieg über Andersgläubige zu verhelfen.[166] Das Bilderverbot darf man nicht als ein festgelegtes Gesetz (obwohl die Überlieferungen eine gesetzliche, schriftlich niedergelegte, Grundlage dafür bilden und von den Rechtsschulen als solche rechtskräftig gelten) verstehen, das für die Allgemeinheit der islamischen Weltgemeinde gilt, sondern als eine ideologische Ansicht, die von der Mehrheit akzeptiert, durch die Zeit umgewandelt, verschieden gedeutet und trotzdem, zumindest im sakralen Bereich (ausgenommen einige wenige Beispiele unter den Schiiten), durchgesetzt wurde. Das Bilderverbot ist ein Verbot, das nicht ausgesprochen werden musste, um es zu akzeptieren, sondern dieses Verbot wurde innerhalb der Grenzen ideologischer Vorstellungen befolgt und gedeutet.

Die erwähnten Beispiele der schiitischen Glaubensrichtungen führten zu einem gesetzlichen Chaos, das auch einen Einfluss auf das Bilderverbot hatte. Während die Sunniten an der Tradition festhielten, haben die Schiiten Lücken in ihren eigenen Vorstellungen geschaffen, die ihnen eine eigenständige, von Sekte zu Sekte unterschiedliche Gesetzgebung ermöglichten. Gleichzeitig kam es mit der Zeit zur Wiederbelebung der alten Kulturen (Persische Königsverehrung),

---

[165] Ebd., S.142.
[166] Bürgel, Johann Christoph: Allmacht., S.27.

die sich mit den Glaubensrichtungen der Schiiten vermischten und neue Möglichkeiten im Bezug auf die künstlerische Tätigkeit schafften. Somit waren diese Bewegungen, zumindest nach sunnitischer Gesetzesauslegung, vom Bilderverbot ausgeschlossen und hatten freien Raum für die künstlerische Tätigkeit, was sich in einer dauerhaften Liberalisierung des Bilderverbots widerspiegelt. Denn durch den Glauben an *Mahdi*, den 12. Imam, Alis Märtyrertum und in Verbindung mit alten Königskulten, entwickelte sich eine Ikonographie, die noch heute in schiitisch geprägten Gebieten zu beobachten ist (Portraits von politischen Führern der Schiiten sind an den Moscheen zu sehen).

2.4.3 Gültigkeit und Rechtskräftigkeit der Überlieferung im Bezug auf das Bilderverbot (Sunna und Schia)

Die Wissenschaft ist sich über die Gültigkeit des Bilderverbots zwischen Sunna und Schia nicht einig. Daraus resultiert die Annahme, dass für Sunniten der Koran und die Überlieferung, die auf Mohammed und seine Umgebung zurückgeht, gesetzgebend und rechtskräftig sind; für die Schiiten zählen zusätzlich die Überlieferungen, die auf die Imame zurückgehen, weil diese die anerkannten Lehrautoritätsträger sind. Bei den Sunniten gelten der Buhari (gest.870, der meistgeschätzte Hadith-Forscher), Muslim (gest.875), Abu Dawud (gest.889), Tirmidi (gest.892), Nasai (gest.915), Ibn Maga (gest.886), Malik(gest.795), Ahmad ibn Hanbal (gest.855) und dessen Sohn And Allah (gest.902) und Darimi (gest.869), die zu ihren Lebzeiten die *Hadithe* gesammelt und erforscht haben, als anerkannte Forscher der Überlieferungen, die mit dem Koran gesetzgebend waren (siehe oben Rechtsschulen).[167]

Bei den Schiiten gelten der Koran und die „Vier Bücher" von Kulani (gest.940), Akmal Maglisi (gest.1700), Ibn Babuya (gest.991 o.1001), Tusi (gest.1067) als Gesetzesquellen, weil es sich dabei um festgehaltene Aussagen vom IV.Imam Ali ibn Husain (gest.712), V. Imam Abu Djafar (gest.733), VI.Imam Abu Abdaallah (gest.765), VIII.Imam Abu l-Hasan ar-Rida (gest.818) und XI.Imam Abu Muhammad al-Hasan (gest.874), handelt und diese als rechtskräftig gelten.

Die Originalität der Überlieferung wird durch den *Isnad* („Stütze") geprüft, also auf die Namen der Überlieferer zurückgehend bzw. zur eigentlichen Aussage oder zu dem Vorfall, bei dem es zu einer relevanten Aussage gekommen ist. Der *Isnad* ist die Garantie für die wiedergegebene Wahrheit und dieser wird streng geprüft. Die Schwierigkeit der Überprüfung vom Überlieferer und dessen Originalität, wovon die Glaubwürdigkeit der Aussage abhängt, ist eine eigene Wissenschaft an sich und soll hier nicht erörtert werden.

---

[167] Paret, Rudi: Die Entstehungszeit des islamischen Bilderverbots, in: Die Kunst des Orients XI, 1976/77, S.161.

Nach den Versen aus dem Koran, die ich oben ausgeführt habe und anhand derer man auf ein Bilderverbot schließen kann (obwohl nirgendwo im Koran darauf konkret Bezug genommen wurde), werde ich in Folge die diesbezügliche Überlieferung darstellen und einen Bezug zum Bilderverbot herstellen. Die Untersuchungen auf diesem Gebiet führten zum Ergebnis, dass eigentlich die Überlieferung das Bilderverbot ausgelöst hat. Diese Feststellung ist verständlich, wenn man sich die diesbezüglich überlieferten Aussagen ansieht; es wäre aber zu einfach das Bilderverbot nur auf diese Aussagen zurückzuführen. Es handelt sich vielmehr um eine Verquickung vieler Tendenzen (siehe oben), die zu einem Bilderverbot geführt haben, was ich auch aufzuzeigen versuche.

2.4.4. Sunnitische Überlieferung und das Bilderverbot

Die Überlieferung dieser Gruppe sowie die schiitische Überlieferung wurden eingehend von Rudi Paret (1901-1983) untersucht, der auf diesem Gebiet zweifellos der führende Forscher war. Durch seine Untersuchung kam Paret auf 180 Überlieferungen (bzw. 260 wenn man alle *Isnade* der verschiedenen Autoren zusammenrechnet), die er in vierzehn thematische Gruppen aufgeteilt und somit die weitere Arbeit auf diesem Gebiet entscheidend erleichtert hat. Diese thematische Gruppierung[168] übernehme ich hier und verweise trotzdem auf die Originalschrift von Rudi Paret (siehe Literaturliste).

I. 47 bzw. 66 Überlieferungen sprechen von einem mit Bildern (*tamatil*) versehenen Vorhang oder einem Teppich, der von Mohammeds Gattin Aischa vor die Haustür bzw. irgendwo im Haus (verschiedene Angaben) gehängt worden ist. Dieser Teppich wurde abgenommen, weil Mohammed sein Missfallen daran fand.

II. Der Satz: "Engel betreten keinen Wohnraum (arab. "*bait*", womit oft die Kaaba selbst beschrieben wird), in dem sich Figuren oder Bilder befinden", kommt 4 Mal vor und 11 bzw. 13 Mal mit dem Zusatz: "es sei denn, es handelt sich um (bloße) Dekorationen aus Stoff."
Die zweite Version lautet: „Engel betreten keinen
Wohnraum, in dem sich ein Hund und/oder ein Bild (Bilder)
befinden", und kam 23 bzw. 32 Mal vor, davon 7 bzw. 8 Mal
mit dem Zusatz: "und/oder etwas Unreines."

III. Gabriel kommt zum Propheten Mohammed, tritt aber nicht in sein Haus ein, bis ein Vorhang mit Bildern (siehe I) oder ein im Raum befindlicher Hund entfernt wird (mit der ausgeführten Begründung der Gruppe II).

IV. Der Satz: "Diejenigen, die (diese) Bilder verfertigen, werden am Tag der Auferstehung bestraft werden. Man wird zu ihnen sagen: `Macht lebendig, was ihr geschaffen habt'", kommt 9 bzw.15 Mal vor.

---

[168] Ebd., S.161-162.

V. „Von demjenigen, der ein Bild macht, wird am Tag der Auferstehung verlangt werden, dass er ihm Lebensodem (*ruh*) einhaucht. Das wird er aber nicht tun können." Dieser Satz wurde 18 bzw. 21 Mal überliefert.
VI. „Und wer ist frevelhafter, als wer sich anschickt so zu schaffen, wie ich (Gott) schaffe. Sie sollen doch (auch nur) eine kleine Ameise oder ein (Weizen)korn oder ein Gerstenkorn schaffen!" Dieser Satz wurde 9 bzw. 12 Mal überliefert. Außerdem zitierte Theodor von Abu Qurra diesen Satz, nur ohne folgenden Zusatz: "Das wird er aber nicht tun können".[169]
VII. „Diejenigen, die am Tag der Auferstehung am schwersten bestraft werden, sind die Bildermacher", bzw. in der Version: "Zu denjenigen, die... bestraft werden, gehören die Bildermacher", wurde 6 bzw. 12 Mal überliefert. Oft werden anstelle von „Bildermachern" diejenigen genannt „die es der Erschaffung Gottes gleichtun wollen", und Schilderungen über Bestrafung durch, damit beauftragtes, Höllenfeuer (2 Mal überliefert).
VIII. Bildermacher werden in 5 Überlieferungen verflucht.
IX. Eine Einladung wird abgelehnt, wenn ein mit Bildern versehener Vorhang zu sehen ist (4 Mal überliefert).
X. Mohammed verbietet Bilder im *bait* (Kaaba) und die Verfertigung solcher Bilder. Beim „islamischen Bildersturm" (siehe Teil 3 dieser Arbeit) befiehlt er Umar die Bilder in der Kaaba auszuwischen(!),(7 Mal überliefert).
XI. Es werden Bilder von der Maria bzw. Ismael und Abraham in der Kaaba erwähnt (8 bzw. 10 Mal überliefert).
XII. Nach dem Bericht von Ausgewanderten über eine Kirche in Äthiopien soll Mohammed gesagt haben: "Wenn unter denen ein frommer Mann stirbt, bauen sie über seinem Grab eine Gebetsstätte und bringen darin diese Bilder an. Solche Leute sind von Gott am Tag der Auferstehung die schlechtesten Geschöpfe" (wurde 9 bzw. 11 Mal überliefert).
XIII. Mohammed sagte zu Ali (siehe „islamischer Bildersturm") und dieser zu Abu l-Haiyag: "Lass kein Bild, ohne es wegzuwischen, und kein hochragendes Grab, ohne es einzuebnen!" (11 bzw.13 Mal überliefert).
XIV. Es gibt verschiedene Überlieferungen über: das Zerbrechen von Kreuzen (1 *Hadith*), Verbot der Abbildung einer Palme (1 *Hadith*), Aischas Puppen (1 *Hadith*), das Verbot für aufgestützte Bilder; nicht aber wenn sie sich am Stützkissen befinden (1 *Hadith*) und Ibn Abbas und mit Figuren versehene Kohlebecken (1 Hadith).

In wie weit die Angaben der Überlieferungen wahr sind, oder in wie weit die Details zu bestimmten Angaben übereinstimmen, bedürfte einer genaueren Untersuchung. Für uns ist wichtig, dass die Forschung auf diesem Gebiet übereinstimmender Meinung ist, dass es bereits zu Lebzeiten Mohammeds zu einer Problemstellung bezüglich des Bilderverbots gekommen ist. Meiner Meinung nach spielten dabei die Verse des Korans und das diesbezügliche Polytheismusverbot eine entscheidende Rolle. Nach der Feststellung von Rudi Paret und sei-

---

[169] Ebd., S.162.

nen Untersuchungen auf dem Gebiet wahrheitsgetreuer Überlieferungen, kann man sinngemäß von einem wahren Kern dieser Aussagen sprechen. Besonders, wenn es sich dabei um Überlieferungen von Tabari handelt, der auch in islamischen Forscherkreisen großes Ansehen genießt. Zweifel bei Paret erregen die Überlieferungen der Gruppe III (siehe oben), in denen er eine spätere Zutat der Legendenbildung sieht, da Mohammed zwar wusste, dass er durch Gabriel Botschaften bekommt (2,97), dieser aber keinen Grund gehabt hätte Mohammed auch privat zu besuchen.[170] Oder vielleicht sind es die Stoffe mit Bildern (Geflügelte Pferde werden erwähnt. Von Aischa wird Mohammeds Frage, ob es so etwas überhaupt gäbe, so beantwortet: "Hast du denn nicht gehört, dass Salomo geflügelte Pferde hatte?"), die in der Gruppe I zur Sprache kamen, an deren Existenz um die Zeit Mohammeds Paret zweifelt. Das lag daran, dass man seiner Meinung nach solche Stoffe damals (ca.620) in diesem Gebiet noch nicht kaufen konnte.[171] Andererseits bringt die Tatsache, dass Aischa Mohammed über die Fabeltiere belehrt, Paret auf den Gedanken, dass sich wohl keiner so etwas ausdenken würde und dass die Aussage somit wahr sein könnte.[172]

Eine sichere Quelle sieht Paret in einem *Hadith* der Gruppe VIII. Hier wird die Überlieferung auf die historisch nachweisbaren Personen aus dem Umkreis Mohammeds zurückgeführt. Es handelt sich dabei um Schuba (701-76) und vor ihm Aun ibn Abi Ghaifa (gest.734) und dessen Vater Abu Guhaifa (gest. in Kufa 691), von denen zu erfahren war, dass der Prophet eine Reihe der Verbote ausgesprochen hat und seine Aussagen oft mit Verfluchung der Bildermacher endeten.[173] Aun ibn Abi Guhaina berichtet über seinen Vater, er habe einen Sklaven gekauft, der Schöpfer war und ihm befohlen habe sein Schöpfwerk zu zerbrechen, wo es heißt (Abu Ghuhaifa in der ersten Person): „Lässt du es zerbrechen?" Er (Sklave) sagte: "Ja. Der Gesandte Gottes hat nämlich verboten für Blut einen Preis zu nehmen (damit ist das Handwerk eines Schöpfers untersagt. Siehe auch 2.2.6./III), für einen Hund einen Preis zu nehmen und von Hurerei zu leben. Und verflucht hat er den, der Wucherzins verzehrt, den, der ihn verzehren lässt (indem er Geld aufnimmt), die (Frau), die tätowiert, und diejenige, die sich tätowieren lässt. Und verflucht hat er den, der Bilder macht."

Zweifel besteht in der Überlieferung der Gruppe X, und zwar im Bezug auf den Begriff „bait". Laut Paret ist es unklar, ob damit die Kaaba gemeint ist (wie im Koran vorgekommen) oder allgemein von einem „Wohnraum" die Rede ist, womit das Bilderverbot auf alle Wohnräume ausgeweitet werden könnte.[174] Meiner Meinung nach ist dieses Problem einfach zu lösen, denn es geht, egal ob es sich dabei um die Kaaba handelt oder nicht, um ein allgemeines Verbot, das damit mitausgelöst wurde. Die Kaaba (das „erste Haus Gottes") steht in diesem Fall nämlich symbolisch für alle Wohnräume.

---

[170] Ebd., S.171.
[171] Ebd., S.170.
[172] Ebd.
[173] Ebd., S.173.
[174] Ebd., S.174.

Die Gruppe XII behandelt gleichermaßen den vom Islam abgelehnten Trinitätsglauben der Christen (was auch Beigesellung, also „schirk" bedeutet, vergleichbar mit Polytheismus. Siehe auch 2.3.), wie auch die Heiligenverehrung, die trotz dieser Vorbehalte und Verse des Korans, die sich darauf beziehen (z.B.18,21), in islamischen Gebieten heute noch lebendig ist. Die Heiligenverehrung erhält großen Zuspruch von Seiten der Bevölkerung und die Herausbildung dieser Grabstätten, was immer noch umstritten ist; sie findet ihren mystischen Antrieb in dem Glauben, dass die Überreste der Heiligen heilende Wirkung haben. Weltweit sind solche Bauten oder „Pilgerorte" zu finden, besonders stark ausgeprägt sind sie aber in schiitischen Gebieten.

Unter den Überlieferungen der Gruppe XIV befindet sich die Aussage von einem gewissen Ibn Abbas. Einem Bericht zufolge macht Miswar ibn Mahrama (624-83) bei Ibn Abbas (gest.687) einen Krankenbesuch und sieht bei ihm ein Kohlenbecken und ein Brokattuch mit angebrachten Figuren (*tamatil*). Auf die Frage von Mahrama was damit sei, antwortet Abbas: "Siehst du denn nicht, dass wir sie (die Figuren drauf) mit dem Feuer verbrannt (und damit unschädlich gemacht) haben?"[175] Den Besitz vom Brokattuch erklärte Abbas damit, dass es ein „hochfahrendes Wesen" habe und dies somit erlaubt sei. In einer weiteren Version heißt es dazu aber: „Nachdem Miswar weggegangen war, sagte er (Ibn Abbas): ‚Nehmt dieses Tuch von mir weg, und trennt diesen Figuren den Kopf ab!'"

2.4.5. Schiitische Überlieferung und das Bilderverbot

Die Schiitischen Überlieferungen beziehen sich auf die oben erwähnten Quellen (gemeint sind die „Vier Bücher") und werden auch gruppiert, um spätere Vergleiche zu erleichtern.

I.   Auf eine Anfrage kommentierte der 5. Imam, die Sure 34,13 (*Dschinn* und Salomo, oben erwähnt) mit: "Es geht nicht um Abbildungen von Männern und Frauen, sondern um solche von Bäumen und ähnlichem." Der 5. Imam verbot das Gebet, wenn sich die Bilder (*sura*) im Gebetsraum befinden, und forderte die Gläubigen auf ein Tuch darüber zu werfen (außer die Bilder befinden sich nicht in der Gebetsrichtung). Der 5. Imam hatte nichts gegen ein Gewand mit Abbildungen (*tamatil*), dessen Form (*sura*) nicht naturgetreu gezeichnet ist (abgewandelt ist). Es ist dieselbe Überlieferung wie in der sunnitischen Gruppe III, nur mit dem Zusatz: "bei dem sich ein Bild des Menschen befindet oder in dem uriniert wird..."; sie ist dem 5. Imam nachzuweisen.[176]

---

[175] Ebd., S.176.
[176] Paret, Rudi: Das islamische Bilderverbot und die Schia, in: Festschrift WernerCaskel, hrsg. Erwin Graf, Leiden 1968, S.227.

II. Nach Aussage (durch *Isnad* gestützt) des 6. Imam soll dieser das Verrichten des Gebets in Gewändern mit Abbildungen (*tamatil*) missbilligt haben.[177] Der 6. Imam soll auf die Frage nach dem Gebet mit Dirhems (mit Abbildungen) gesagt haben:
"Wenn sie versteckt sind (nur von außen zu sehen sind), ist nichts dagegen einzuwenden." Außerdem soll der Imam die Betenden aufgefordert haben keinerlei Habseligkeiten zwischen sich und der *qibla* (Stelle in einer Moschee, die die Gebetsrichtung markiert) zu postieren, wobei auch Ringe mit Abbildungen von Tieren oder sonstigen Gravuren dazu zählen.[178] Derselbe Imam erlaubte nur im Krieg Kleider aus Seide und Brokat, sogar mit Abbildungen drauf.Dieser erwähnte den 4. Imam und dessen Gewohnheit auf Kissen und Decken (oder Teppichen) mit Abbildungen zu sitzen. Derselbe Imam berichtete davon, wie er beim Gebet ein Tuch über ein Kissen mit Vögelaufdruck warf. Er missbilligte außerdem Abbildungen von Wesen mit zwei Augen, während er die mit einem Auge als erlaubt deutete.[179] Aber auch, sowie in sunnitischen Überlieferungen, wird bei den Schiiten (Aussage vom 6. Imam) über diejenigen gesprochen, die am Tage der Auferstehung aufgefordert werden den Lebensodem (*ruh*) in ihre Werke einzuhauchen und dies nicht tun werden können.[180]

III. Der 8. Imam erzählte von einem Ereignis, bei dem Abu Dschafar (5. Imam) sagte, wie die Perser die Teppiche mit Abbildungen schätzten, die Schiiten aber nicht (deshalb setzten sich Schiiten unbedenklich darauf). Der 9. Imam war auch gegen das Gebet in Kleidung mit Abbildungen und stimmte somit mit dem 8. Imam überein.[181]
In den „Vier Büchern" wird außerdem ein Verbot der Ausschmückung der Häuser ausgesprochen, was mit diesbezüglichen Aussagen Gabriels an Mohammed gerechtfertigt wird.[182]
Belege aus späteren Werken, die man laut Paret nicht als schiitisch bezeichnen kann, sind z.B. im Gesetzbuch von al-Hilli (Al Muhaqqiq al Auwal, gest. 1277) zu finden, in dem es heißt: "Zu missbilligen ist das Gebet in einem Gewand, auf dem sich Abbildungen (*tamatil*) befinden, und mit einem Siegelring, auf dem ein Bild (*sura*) ist."[183] Oder auch: „Verboten ist es, körperhafte Bilder von Wesen mit Lebensgeist zu verfertigen."[184]

Das Problem im Problem selbst ist die Frage ob „missbilligen" als verboten, bei der Erörterung dieser Aussagen, zu verstehen ist? Dieses Problem, das durch das Studieren der Überlieferungen aufgeworfen wird und das auch in der Dis-

---

[177] Ebd., S.225.
[178] Ebd.
[179] Ebd., S.226-227.
[180] Paret, Rudi: Das islamische Bilderverbot und die Shia (Nachtrag), ZDMG 120(1970), S.272.
[181] Paret, Rudi: Das islamische Bilderverbot.(1968), S.226.
[182] Paret, Rudi: Das islamische Bilderverbot (Nachtrag)., S.271.
[183] Paret, Rudi: Das islamische Bilderverbot (1968)., S.229.
[184] Ebd.

kussion der Gelehrten seinen Platz fand, zeigt sich in der Frage, ob nur Darstellungen von Menschen und Tieren oder aber auch Darstellungen von Pflanzen verboten sein sollen? Einige Forscher sind der Meinung, dass alle Darstellungen von Wesen diesem Verbot unterliegen.[185] Im Werk von Al-Qadi an Numans (gest.974, Angehöriger der ismailitischen Richtung der Schia) findet sich ein Bericht über al-Muizz (Fatimidenkalif, Regierungszeit 952-75)[186] in dem er keinen Unterschied zwischen „leblosen" Dingen (Pflanzen) und „lebenden" (Menschen, Tiere) Kreaturen macht, weil, wie er sagt, das alles Gottes Schöpfung ist.[187] Unklar ist, ob damit ein Bilderverbot befürwortet oder abgelehnt werden sollte.

Allgemein unterschied man wohl zwischen der Pflanzenwelt, Menschen und Tieren, weil man Menschen einen freien Willen einräumte, während Tiere und Pflanzen dies nicht besaßen, womit sich die Verantwortlichkeit der Menschen für ihre Taten erklärt(Darüber mehr im Abschnitt über philosophische Lehren im Bezug auf das Bilderverbot).

Die Schiiten und Sunniten sind sich einig, dass Darstellung der Bilder verboten ist, obwohl die schiitische Richtung mit der Zeit von dieser Meinung abwich. Im Großen und Ganzen werden die Bilder eher missbilligt als verboten, denn es handelt sich anscheinend nur um eine „Vorsichtsmaßnahme", um das Gebet reibungsfrei zu entrichten (siehe schiitische Überlieferungen). Sowohl bei den Schiiten als auch den Sunniten werden Kissen oder Teppiche als Stütze, auch wenn sie am Boden liegen (siehe sunnitische Überlieferung mit Abbas), als erlaubt gedeutet (denn die dargestellten Figuren büßen dadurch ihren lebendigen Charakter ein).[188]

Trotz dieser Gemeinsamkeiten, im Bezug auf die Überlieferungen, kam es zu unterschiedlichen Auffassungen des Bilderverbots, was eher auf die Glaubensunterschiede zwischen diesen beiden Gruppen zurückzuführen ist. Vor allem der Märtyrerkult, der von den Schiiten entwickelt wurde, brachte eine Flut von Märtyrerbildern hervor, die heute immer noch Befürworter finden. Besonders die Heiligenverehrung und die Heiligengrabstätten, die zu Pilgerorten wurden, sind für die Schiiten, neben der Kaaba, mit der Religionsausübung verbunden. Auch indische Großmogule weiteten diese Totenverehrung unter ihrer Herrschaft aus, was man an zahlreichen Beispielen belegen kann (z.B. Taj Mahal).

Dadurch kam es zu einer allgemeinen Liberalisierung des Bilderverbots, das eigentlich auch gesetzlich festgelegt wurde (Hadith und der Koran dienen der Verfassung der *scharia*).

Durch die erwähnten Glaubensunterschiede der Sunna und Schia und der dadurch ausgelösten unterschiedlichen Gesetzgebung, aber auch durch innerschiitische Glaubensunterschiede kam es zu verschiedenen Auffassungen des Bilderverbots. Die unterschiedlichen Auffassungen vermischen sich im Laufe der Zeit mit vorislamischen Ideologien der Länder, die nach und nach erobert wurden

---

[185] Ebd., S.230.
[186] Ebd.
[187] Ebd.
[188] Ebd., S.231.

und so wurden diese dermaßen abgeschwächt und abgewandelt, dass das Bilderverbot bis heute nur im sakralen Bereich volle Gültigkeit besitzt. Die Überlieferungen verfehlten ihr Ziel im Endeffekt nicht, und im Sinne des Korans kam es tatsächlich nicht zur, zumindest sichtbaren, „Beigesellung" im Islam. Die strengen Gedanken der Entstehungszeit des Bilderverbots wird dieser aber nicht mehr gerecht (gegenwärtige Verehrung einiger Politiker in Straßenportraits lässt den ursprünglichen Gedanken fast unglaubwürdig erscheinen), und man fragt sich, ob diese Unterschiede in den Überlieferungen vielleicht einen „politischen" Hintergrund haben, der aus dem Konflikt der Sunna und Schia entstanden ist?
Beharrten die Sunniten auf der Tradition, so beriefen sich die Schiiten auf die Imame und entwickelten eine „eigene Tradition", die auch gesetzgebend wurde. Beide Richtungen legitimierten ihre Ansichten durch Gesetzgebung, die aber im Falle des Bilderverbots unterschiedlich ausfiel, wie man am „Ali-Kult" sehen kann. Zweifellos wurden die alten Traditionen (persische Königskulte) mit neuen Ideologien vermengt zum Kunstobjekt.

2.5. Auslegung relevanter Themen für das Bilderverbot durch Kalam[189] und Philosophie

Da keiner der „großen" islamischen Philosophen einen direkten Bezug zu Kunstwerken und Bildern als solche genommen hat, versuchte man durch die ästhetische Theorie und Geometrie eine Verbindung zur Kunst und in unserem Fall zum Bilderverbot zu schlagen. Vielmehr prägten die verschiedensten Bewegungen innerhalb des Islams die Entwicklung und Liberalisierung des Bilderverbots. Man kann einige Themenbereiche nennen, in denen sich die (eher indirekte) Besprechung der künstlerischen Entwicklung abspielte und immer noch bestimmend ist. Es handelt sich vorwiegend um eine Atomismustheorie, durch die mutazilitische und ascharitische Bewegung geprägt, Unterscheidung vom „inneren" und „äußeren" Sein, geprägt durch die Mystik, Willensfreiheit und Prädestination (siehe auch oben), die verschiedentlich ausgelegt wird und die Geometrie, die durch ihre Entwicklung äußerst wichtig für die bildlose Kunst wurde (durch die Entwicklung der abstrakten geometrischen Formen in der Architektur aber auch in der Kalligraphie). Damit verbunden, und daher für das Bilderverbot relevant, sind die Fragen nach der Schöpfung, Willensfreiheit, Prädestination, Form und diesbezüglichen Auslegung der verschiedenen Ansichten durch Theologie und Philosophie.
Die Frage nach der Willensfreiheit bzw. Prädestination ist für das Thema des Bilderverbots wichtig, weil damit das Problem der Verantwortlichkeit für eigene Taten (Bilder) gelöst werden sollte.

---

[189] „Rede" o. „Wort (Gottes)", das eigentlich einen Begriff für theologische Argumentationen bezeichnet, in: Internet Quelle: Wimmer, Franz Martin: Vorlesung "Interkulturelle Philosophie" WS 01/02 Philosophie in arabischer Sprache, ein Überblick
http://mailbox.univie.ac.at/Franz.Martin.Wimmer/vlarabphil1_01.html,Wien 13.10.2002.

Wenn menschliche Handlungen vorausbestimmt sind, dann gibt es kein Bilderverbot, denn Gott wollte demnach, dass im Sinne des Künstlers gehandelt wird. Gibt es einen freien Willen, so obliegt es dem Menschen zu entscheiden was Gut und was Böse ist, bzw. ob ein Bilderverbot notwendig ist oder nicht. Die Frage nach der Schöpfung bzw. Formgebung ist ebenso relevant für das Bilderverbot. Ist die künstlerische Tätigkeit mit Gottes Schöpfung (Formgebung) zu vergleichen, und tritt der Mensch so (unerlaubt) in die Fußstapfen Gottes? Entstand die ganze Diskussion nur, weil man den „inneren" Sinn eines Kunstwerks (eines Bildes) nicht verstehen kann und alles dadurch falsch ausgelegt wurde? Wer aber ist dazu befähigt (oder berechtigt) den „inneren" vom „äußeren" Sinn zu unterscheiden? Rechtfertigt man damit die Buchmalerei, die auf diese Weise nur der „gebildeten Schichte" zugänglich gewesen war? Auf diese Fragen bieten sich einige Lösungen an, die je nach Auffassung das Bilderverbot rechtfertigen oder aber als unsinnig darstellen.

Die wohl interessanteste These für die Philosophie ist der atomistische Bezug zur bildenden Kunst und somit direkt zum Bilderverbot. Es handelt sich hierbei um eine Vorstellung, die besagt, dass Menschen (Künstler, Handwerker) die „Ballung" der Atome, die dem Glauben nach ausschließlich in Gottes Macht steht (siehe oben Koranzitate und weiter unten Atomismustheorien), zur Schöpfung (Form, Bild usw.), erlaubt sei solange der Mensch mit dieser „Neuschöpfung" nicht in Konkurrenz zu Gott tritt (solange diese Schöpfungen nicht an Gottes Stelle treten, d.h. keine Beigesellung).[190] Die entstandenen abstrakten ornamentalischen Formen („Arabeske") sollten somit als ein philosophischer Ausdruck über das Wesen der Realität verstanden werden.[191] Gleichzeitig aber wäre das Bilderverbot unnötig und Kunst in diesem Sinne akzeptabel.

Um diese Theorie besser verstehen zu können ist es notwendig, die besagte Atomismustheorie an dieser Stelle, zumindest in den wichtigsten Punkten, vorzustellen.

Da die Forschung der Meinung ist, dass die griechische Philosophie keinen Einfluss auf die Entwicklung des „islamischen" Atomismus hatte, überspringe ich hier die Vergleichsbeispiele und führe die für das Bilderverbot relevanten Zusammenhänge und die mit der Entwicklung des Atomismus untrennbar verbundenen Themen aus.

Dass sich die oben genannte Theorie auf die Atomismus- Ansichten der Ascharitten bezieht, ist sehr wahrscheinlich, da die Philosophie dieser Bewegung für die Zeit nach ihrer Entstehung bis in die heutige Zeit dominierend ist (außerdem kann man Ascharitten als „Vermittler" zwischen der Orthodoxie und Rationalisten ansehen und somit die oben erwähnte Theorie als einen Kompromiss in der Frage des Bilderverbots).[192]

Es ist aber auch notwendig die Schule der Mutakallimun (bis zum „Untergang" der mutazilitischen Bewegung wurde dieser Begriff übergreifend für Mu-

---

[190] Grabar, Oleg: Die Moschee, in: Hattstein, M. u. Delius, P.: Islam-Kunst., S.46.
[191] Ebd.
[192] Antes, Peter: Prophetenwunder in der Aschariya bis al-Gazali(Algazel), Freiburg im Breisgau, 1970, S.99.

tazila als auch für Ascharia verwendet),[193] aus der sich diese ascharitische Bewegung entwickelt hat, (und gleichzeitig den Atomismus diese erste Schule) darzustellen, weil man dadurch den Entwicklungsprozess des „islamischen" Atomismus verfolgen kann.

Die folgenden Darstellungen werden anhand einiger wichtiger Vertreter beider Schulen verdeutlicht. Ich werde außerdem versuchen weitere Zusammenhänge mit dem Thema des Bilderverbots herzustellen, obwohl sich diesbezüglich kein Gelehrter dieser beiden Schulen direkt geäußert hat. Es sei betont, dass es sich hierbei um eine Darstellung der Atomismustheorie handelt, die uns helfen soll das Thema der „Einführung" bildender Kunst in die orthodoxen Kreise, das in der oben formulierten Theorie zum Ausdruck kam, zu erklären.

2.5.1. Einleitende Darstellung der Lage in der islamischen Gesellschaft vor der Herausbildung der mutazilitischen Bewegung

Die entstandenen Sekten und innerhalb der islamischen Gemeinde von unterschiedlichen ideologischen Prinzipien geleitete Bewegungen mit unterschiedlichsten Gesetzauslegungen führten zu einer Konfusion in der Frage des Bilderverbots. Während sich die Traditionalisten diesbezüglich an die Aussagen Mohammeds richteten, versuchten die Liberalisten (besonders innerhalb der Schia), dieses Verbot an ihre Glaubensrichtung anzupassen und für ihre Zwecke zu gebrauchen (siehe 2.4.). Diese Konfusion ist innerhalb philosophischer (und theologischer) Bewegungen auch zu spüren.

Die Altorthodoxen (*Haswiya*) z.B., zusammen mit „ehrwürdigen Vätern" des Islam (*as-salafa`s-salih*), prägten die anthropomorphe Vorstellung Allahs um das Jahr 700.[194] Im 9. und 10. Jh. rief der bekannte Rechtsgelehrte Ibn Huzaina (gest.923) zur Abschlachtung aller auf, die eine räumliche Trennung zwischen Allah auf seinem Throne und seiner Geschöpfe leugnen.[195] Die Verse aus dem Koran, die Allahs Niederlassung auf seinem Throne beschreiben, wurden als Demonstration dieser anthropomorphen Vorstellung sogar auf dem Portal der Moschee im Hamadan (Iran) angebracht. Dies aber waren keine vereinzelten Beispiele, sondern die vorherrschende Meinung mancher Bevölkerungsschichten des damaligen gesamten „islamischen Reiches". Unter diesen Umständen geriet ein jeder, der die geistige Auffassung Gottes vertrat, in Lebensgefahr. Einerseits lehnten die *Haswija* jeglichen Einfluss fremder Gedanken in ihren theologisch geprägten Vorstellungen ab, kapselten sich somit, auch im künstlerischen Bereich, ab und doch haben sie Ideen für Künstler entwickelt die, mit einer vorstellbaren Trennungsebene zwischen der göttlichen Dimension und der

---

[193] . Lasswitz, Kurd: Geschichte der Atomistik, Vom Mittelalter bis Newton, Leipzig 1890, S.136.
[194] Horten, Max: Die Philosophie., S.27,46.
[195] Ebd., S.27.

Dimension der Geschöpfe eine richtige bildliche Ikonographie darstellen. Demnach ist Materieller Weltbau[196] so aufgebaut:

1. Thron Gottes (`arsch`)
2. Fußschemel (*kursi*)
3. Schicksalsgriffel (*qalam*)- Schicksalstafel („wohlbewahrte Tafel')
4. Die Sphären:
a) Umgebungssphäre; b) Fixsternsphäre; c) die sieben Planetensphären; d) die Elementkreise: Feuer, Luft, Wasser, Erde.
5. Die Gespensterwelt (Dämonen, *Dschinn*), Teile der sublunarischen Welt und Unterwelt beherrschend.
6. Die Unterwelt, Finsternis, die bösen Mächte.

Im Gegensatz zur griechischen Auffassung, die die Wesenheiten der Dinge als ewig und innerlich notwendig betrachtete, sind bei den Orthodoxen die Wesenheiten der Dinge wie auch das Dasein selbst direkt von Gott abhängig, der diese willkürlich herstellen kann.[197]

Die Dschabariten (von arab. *Dschabr*, "Zwang"),[198] „Leugner der Willensfreiheit",[199] lagen mit den Mutaziliten (siehe unten) im Streit, weil sie die Willensfreiheit der Menschen bestritten. Sie glaubten, dass alle menschlichen Handlungen, bis ins kleinste Detail vorausbestimmt, also prädestiniert sind. Sie beriefen sich auf die Verse des Koran: "Also belässt Allah im Irrtum, wen Er will, und Er leitet recht, wen Er will"(73,34).[200] Bei den Omaiyaden (661-750) war diese Theorie beliebt, da sie alle politischen Taten als legitim bekräftigte, genauso aber war sie für Künstler wichtig, da man sich bei der Ausführung der Werke darauf berufen konnte und eigene Arbeiten als rechtskräftig verteidigen konnte. Demnach konnte man im Bezug auf die Kunst einfach nicht anders handeln, da alles bereits prädestiniert ist.

Die Qadariten standen den Dschabariten gegenüber und den Ansichten der Mutaziliten sehr nahe. Ihrem Glauben nach haben die Menschen die Kraft (*Qudra*) ihre Werke, nach eigenem Willen, selbst zu vollbringen und sind somit für ihre Taten verantwortlich.[201]

Die Murdschiten lehnten die kharidschitischen Theorien ab, indem sie behaupteten, dass man den Glauben nicht durch gute Werke vermehren oder vermindern kann. Dies sei hingegen in erster Linie eine Herzensangelegenheit (Selbsterkenntnis führt zum wahren Glauben).[202] Sie lehnten auch die Theorie des Sün-

---

[196] Darstellung zitiert aus: Ebd. S.31.
[197] Ebd. S.194.
[198] Weiss, Walter M.: DuMont Schnellkurs, S.27.
[199] Horten, Max: Die Philosophie., S.202.
[200] Schimmel, Annemarie: Die Religion., S.69.
[201] Ebd.
[202] Ebd., S.68.

ders, der die Höllenstrafe verdient ab, indem sie die Sündigen nicht gleich als Ungläubige abstempelten.

Wenn man diese gegnerischen Positionen betrachtet, dann muss man annehmen, dass daraus nur ein Prozess der Liberalisierung stattfand, in der von orthodoxen Kreisen angetriebenen Entstehung des Bilderverbots.

Aus dem Konflikt zwischen Charidschiten und Murdschiten entwickelten sich die Anschauungen der Mutaziliten („sich Abtrennenden").[203]

2.5.2. Mutaziliten

Mutazila ist ein Begriff, der eine Bewegung bezeichnet, die sich von einer größeren Gruppe getrennt hat und entspricht ungefähr dem Begriff einer Sekte.[204] Der Begriff Qadarija wurde anfangs für die Mutaziliten gebraucht und bezog sich auf den Inhalt ihrer Lehren und wird als bezeichnender Begriff für diese Bewegung angenommen.[205] Der Begriff „qadar", der im Koran vorkommt, wird entweder durch den Infinitiv *„taqdir"* oder durch das Substantiv *„miqdar"* ausgelegt und kann auch als „Bestimmung" übersetzt werden (siehe auch 2.2.5.).[206]

Die Göttliche Bestimmung („Was Gott befiehlt, hat Maß und Ziel"(33,38); „Er weiß was vor und was hinter ihnen liegt."(2,255)) wurde zur Prädestination und somit die Qadarija zu „Prädestinatianern" obwohl sie das Gegenteil davon waren, nämlich, Leugner der absoluten Prädestination.[207] Anfangs jedoch wurde mit *„qadar"* auch die menschliche Willensfreiheit verstanden (und nicht unbedingt die Göttliche Vorherbestimmung) und somit eine gewisse „Vorherbestimmung", die auch Menschen in ihrem alltäglichen Handeln zukommt.[208] Die Mutaziliten nannten sich selbst „Bekenner der Einheit und Gerechtigkeit Gottes".[209]

Es sei betont, dass die Qadariten als Bewegung die „Vorstufe" der Mutaziliten waren woraus sich die Bewegung der Mutaziliten entwickelte. Die Hauptunterschiede waren unter anderem dass die Qadariten das Göttliche Wissen vor der Schöpfung und jedes Zutun Gottes bei menschlichen Handlungen negierten.[210]

Am Anfang ging die mutazilitische Lehre ohne einen äußeren Einfluss aus dem Islam selbst hervor.[211] Unter dem Kalifen al-Mamun (813-33) waren die Mutaziliten später diejenigen, die sich eingehend mit griechischem Gedankengut be-

---

[203] Ebd., S.69.
[204] Steiner, Heinrich: Die Mutaziliten, Freidenker im Islam, Leipzig 1865, S.25.
[205] Ebd., S.26.
[206] Ebd., S.27.
[207] Ebd.
[208] Ebd., S.27-28.
[209] Ebd., S.30.
[210] Abdel, M. Haleem: Early Kalam, in: Nasr, Sayyed Hossein and Leaman, Oliver: History of islamic philosophy, (1996) 2001 London, S.79.
[211] Steiner, Heinrich: Die Mutaziliten., S.5.

schäftigten.[212] Einer späteren Phase gehören u.a. Al Kindi (gest. nach 864), Al Farabi (gest. 950), Ibn Sina (Avicenna, gest.1037), und Ibn Ruschd (Averroes, gest.1198 in Marokko) an (also nicht nur Mutaziliten). Sie sowie die „Lauteren Brüder", mit ihrer Vermischung von neuplatonischen und neupythagoräischen Theorien mit dem Islam, strebten eine Vereinigung des rationalistischen Denkens durch Philosophie und Glauben an.[213] Dieses Streben ist kennzeichnend für die abbasidische Zeit der Mutaziliten.[214]

I Wesen Gottes, Prädestination

Ma'bad und Ata b. Jassar (gest.721) waren die Ersten, die Willensfreiheit vertraten, womit sie in Streit mit der Orthodoxie (besonders mit Hasan Basri, als einem der Hauptvertreter der Traditionalisten) gerieten, wodurch Ma'bad für seine Einstellung mit dem Leben zahlen musste. Nachfolger waren Abu Marwan Gailan ad-Damaski (von Kalif Hisam, dem Sohn von Abdul-Malik am Tor von Damaskus gekreuzigt), Abu Tauban al-Murgi und Hawarig.[215] An diese Namen anknüpfend gilt Wasil b. Ata (699-748), neben Amr b. Ubaid als eigentlicher Stifter der mutazilitischen Bewegung.[216] Neben der Frage nach Prädestination (*qadar*) wurden auch göttliche Eigenschaften und das Verhältnis des Glaubens zum Handeln diskutiert.[217] Wasil b. Ata ging davon aus, dass sich mehrere ewige Wesen nicht zusammendenken lassen und dass somit keine anderen ewigen Wesen neben dem Einen Gott als seine Eigenschaften (Wissen, Macht, Wille, Leben) existieren können.[218]

In der Frage der Vorherbestimmung glaubte er an einen von Gott gegebenen *qadar*, wenn es sich um Leben und Tod, Krankheit und Gesundheit, Heilung und Schicksale handelte.[219] Bei menschlichen Handlungen sieht er keine göttliche Vorherbestimmung, weil, so Wasil, Gott nicht von einigen etwas verlangen bzw. nicht verlangen kann, wenn er selbst bereits alles vorbestimmt hat, denn seine Verurteilungen in diesem Fall wären ungerecht.[220] Der Mensch lernt aus Erfahrungen.[221] Im Streit zwischen Utman und Ali (siehe 2.4.), über Rechtmäßigkeit der Handlung (Entscheidung), gab er keiner der Parteien Recht.[222] Schüler Wasils waren Amr b. Ubaid und Utman b. Halid at-Tawil, der seinerseits Lehrer von Abu-l-Hudail al-Allaf war.[223] Abu-l-Hudail knüpft an die Lehren von Wasil über die Eigenschaften Gottes an, leugnet aber diese in seiner späten Phase und

---

[212] Ebd.
[213] Ebd., S.8,10.
[214] Ebd., S.9.
[215] Ebd., S.8,10.
[216] Ebd., S.50.
[217] Ebd.
[218] Ebd.
[219] Ebd.
[220] Ebd., S.51.
[221] Ebd.
[222] Ebd.
[223] Ebd.

lässt nur den abstrakten Begriff des Einen, ewigen Gottes übrig.[224] Er ließ die Eigenschaften Gottes dem Namen nach gelten, machte diese aber mit dem Wesen Gottes gleich.[225] Im Bezug auf das Bilderverbot ist seine Meinung zum Willen Gottes wichtig. Er bezeichnet den Göttlichen Willen als eine Art des Wissens und dessen Handlungen als Anlage des Guten für die Zukunft.[226] Beim göttlichen Willensakt und dessen Ausdruck, den Gottesworten, unterscheidet er solche, die erst in einem „bestimmten Substrate" verwirklicht werden (Verbote, Befehle) und die „unmittelbaren", die, so wie sie von Gott kommen, verwirklicht werden (Schöpfungsakt und das Wort „*kun*": Werde!).

Die Handlungsfreiheit begrenzt Abu-l-Hudail nur auf diese Welt, denn nur im Jenseits sind die menschlichen Handlungen von Gott geleitet.[227] In der Weltdimension unterscheidet er bei der Handlung zwischen innerer und äußerer Tätigkeit. Voraussetzung für die innere Tätigkeit seien die Selbstbestimmung und Willensfreiheit, während er äußere Tätigkeit als unwillkürlich möglich sehe.[228] Wahrnehmung und Wissen können nicht spontane Willensakte sein, denn sie müssen gelernt werden.[229] Einen inneren Anfang und Ende in der Zeit nahm er nur für die Bewegung an.[230] Die zeitliche Entstehung bezieht sich damit nur auf Bewegung.[231] Durch das Gesetz wird der Mensch über Gut und Böse aufgeklärt, und ab diesem Moment ist es seine Pflicht nach Gutem zu streben und das Böse zu meiden.[232] Die Notlüge sieht er in unvermeidbarer Situation als erlaubt und nicht strafbar.[233] Begriff *rizq* („Lebensunterhalt", siehe Teil I dieser Arbeit), der im Koran vorkommt, hat nach Abu-l-Hudail, doppelte Bedeutung. Die eine ist, dass jeder bis zu einem gewissen Zeitpunkt lebt, ohne dass er an seinem Leben etwas zusetzen oder abnehmen kann, also eine allgemein umfassende, für alle von Gott geschaffenen Dinge. Eine spezielle Bedeutung bezieht sich hingegen nur auf die gesetzlich erlaubten Dinge (Notlüge).[234]

II Das Böse (Prädestination), Allmacht und
Unterschiede innerhalb der Bewegung im Bezug auf
Eigenschaften Gottes

Die Mutaziliten bestanden auf der Freiheit des menschlichen Handelns und versuchten die sunnitische, orthodoxe Auffassung über die Allmacht Gottes zu durchbrechen. Eine wichtige Aufgabe war es, das Böse auf der Welt zu erklären. Die Orthodoxen drängten das Böse auf die untere Daseinstufe mit Verbindung

---

[224] Ebd., S.52.
[225] Ebd.
[226] Ebd.
[227] Ebd., S.53.
[228] Ebd.
[229] Ebd.
[230] Ebd.
[231] Ebd.
[232] Ebd., S.54.
[233] Ebd.
[234] Ebd.

zur niederen Sinneswelt (siehe 2.5.1. „Materieller Weltaufbau") wodurch manche Handlungen als böse erscheinen, in größerem Zusammenhang (Zukunft des Universums) aber als notwendig für die positive Allgemeinentwicklung zu betrachten sind. Die Mutaziliten hingegen stellten die Willensfreiheit zur Diskussion. Damit aber brachten sie sich in Gefahr, weil sie an der Allmacht Gottes zweifelten und legten daraufhin den Schwerpunkt des göttlichen Wesens auf die Allwissenheit.[235] Anfangs behaupteten die Mutaziliten, dass Gott Böses tun kann aber nicht will, später aber, mit Ibrahim b. Sajjar an-Nazzam, schränkte man dies ein und sprach Gott böse Handlungen ab.[236]

Al-Aswari und Abu Gafar al-Iskafi schlossen sich dieser Meinung an, und al-Aswari führte dies weiter, indem er behauptete die Allmacht Gottes sei dasselbe wie Allwissenheit, weil, so seine Meinung, man Gott nicht die Macht über das zuschreiben könne, wovon Gott selbst wisse oder verkündet habe, dass er es nicht tun wird.[237] Gott habe, so al-Iskafi zum Thema der Gerechtigkeit, bei denen, die bewusst und mit Vernunft handeln nicht die Macht Ungerechtigkeit zu üben, denn jeder wird nach seinen Handlungen belohnt oder bestraft.[238]

Bisr b. al-Mu`tamir fasste den Willen Gottes als eine Eigenschaft auf, der zu Folge alles, was der Allwissende als gut erkenne, unmittelbar von ihm gewollt werde.[239] Gott muss, so al-Mu`tamir, den Menschen Willensfreiheit gewähren, sonst könne er eigene Verpflichtungen dem Menschen gegenüber nicht erfüllen (Paradies, Hölle usw.), und gleichzeitig muss er die Propheten als Warner senden, damit die Menschen keine Ausrede haben, wenn sie zur Rechenschaft gezogen werden (vgl.2.2.).[240]

Mu`ammar b. Abbad leugnete die Eigenschaften Gottes völlig, indem er behauptete, dass man beispielsweise Gott das Wissen an sich nicht beilegen kann, weil dann das Wissende und Gewusste getrennt wären, oder der Gegenstand seines Wissens müsste etwas außer Gott sein, und beides widerspräche seiner Absoluten Einheit.[241]

Amr b. Bahr al-Gahiz (Zoologe, gest.ca.870) hatte eine naturalistische Weltanschauung und leugnete ebenfalls die Eigenschaften Gottes (siehe 2.5.2./II).[242]

Hisam b. Amr versucht eigene Ansichten, im Gegensatz zum bisher Erwähnten, durch eine genauere Untersuchung jener Koranverse zu untermauern, in denen Gott eine direkte Beziehung zu den Handlungen der Menschen zugeschrieben wird, und diese in eine rationalistische Theorie umzuwandeln.

In den Versen des Korans 8,64 wo es heißt: "...Aber Gott hat zwischen ihnen Freundschaft gestiftet. Er ist mächtig und weise.", sieht er eine freie Entscheidung der Menschen sich miteinander zu befreunden (das Ziel der Handlung ist

---

[235] Ebd., S.56.
[236] Ebd.
[237] Ebd., S.57.
[238] Ebd.
[239] Ebd., S.58.
[240] Ebd., S.59.
[241] Ebd.
[242] Ebd., S.61.

unwichtig) und nicht Gott als eigentliche treibende Kraft. Nicht Gott tritt hier als Subjekt auf, sondern die Gläubigen, die sich miteinander befreundet haben.[243]

Die Prädestinationsfrage wird gleichzeitig mit einer Erklärung (Koran-Exegese) über das Thema des Bösen, am Beispiel von Kassaf Zamahsari, ausgeführt. „Gott hat ihnen das Herz und das Gehör versiegelt, und ihr Gesicht ist verhüllt. Sie haben (dereinst) eine gewaltige Strafe zu erwarten.", heißt es in Sure 2,7 und Zamahsari erklärt die „Versiegelung" als eine vom Menschen und nicht von Gott ausgehende Tatsache, da Gott den Menschen unmöglich die Möglichkeit der Erfahrung der Wahrheit nehmen kann, denn: "Und ich bin nicht gewohnt, den Menschen (wörtlich: den (d.h. meinen)Dienern)) Unrecht zu tun"(50,29). Zamashari sieht in der erwähnten „Versiegelung" nicht etwas Dazugekommenes, sondern etwas „Anerschaffenes" („Er ist damit zur Welt gekommen"), womit dieser darauf (nämlich in seiner Ungläubigkeit) dickköpfig beharrt;[244] "Gott befiehlt nichts Abscheuliches"(7,28). In weiteren Deutungsversuchen kommt u.a. die Metaphorik als mögliches Deutungsschema zur Sprache (siehe oben: zwei Weise der Koranexegese).

III Die Schöpfung, Welt, Mensch-Seele

Der Koran lehrt eine von Gott abhängige Funktionalität des Daseins, die nicht in Form von allgemeinen Gesetzen festgelegt ist, sondern durch Willkür Gottes jederzeit geändert werden kann (siehe auch 2.1.). Die Mutaziliten suchten aber einen Weg, um den gesetzmäßigen Verlauf des Daseins zu erklären, ohne jedoch Gottes Allmacht zu verletzen. Sie waren bestrebt das Zufällige und Willkürliche aus dem Gottesbegriff zu entfernen.[245]

Nazzam lehrte, dass existierende Dinge mit einem Male so geschaffen sind wie sie jetzt sind, nur ihre Erscheinungszeitpunkte sind unterschiedlich und sollten nicht als neue Schöpfungen verstanden, sondern als in der „Anlage ruhende", aus der „Verborgenheit" heraustretende Dinge aufgefasst werden.[246] Nach der Weltschöpfung ist also keine neue Schöpfung mehr möglich, sondern alles entwickelt sich (Kausalität) in von einander abhängigen Ursachen.[247] Die Kraft, die im Menschen liegt, hat einen eigenen Wirkungskreis außerhalb dessen sie nicht wirkt, sondern der göttlichen Kraft unterliegt. Traumdeutung, beispielsweise, benötigt Konzentration und Erinnerungsvermögen (im Menschen vorhandene Kräfte), aber die daraus erschließbare Folgerealität ist außerhalb menschlicher Machtdomänen. Nazzam lehrte die unendliche Teilbarkeit der Materie und machte keinen Unterschied zwischen Substanz und Akzidenz.[248]

Mu`amar glaubte, dass nur die Körper geschaffen worden sind, d.h. dass nur die Materie das Resultat göttlicher Schöpfung sei und sich alle anderen Daseinsfor-

---

[243] Ebd., S.60.
[244] Ebd., S.63.
[245] Ebd., S.67.
[246] Ebd., S.68.
[247] Ebd.
[248] Ebd.

men daraus entweder durch Notwendigkeit (z.B. Wärmeerzeugung bei der Sonne) oder durch freie Willensäußerung entwickelten(Eine Ansicht, unter vielen anderen die hier erwähnt werden, die einer Liberalisierung des Bilderverbots entgegenkam weil man damit argumentieren konnte, wenn es um die Frage der Erschaffung der Kunstwerke ging.).[249] Die Weiterentwicklung der Daseinsformen erklärte er mit einer der Materie innewohnende Kraft, die jede Gattung für eine unendliche Anzahl von unterschiedlicher Lebensformen gebrauchen kann (vgl. mit Dynamismus und Animismus).[250]

Bisr b. Amr und sein Schüler al-Muddar bildeten die Lehre von *tawallud* (Fortpflanzung), nach der eine von einem Agens bewirkte Tätigkeit sich fortpflanzen und neue Veränderungen an einem Objekt bewirken kann. Hierbei handelt es sich um die Frage nach der möglichen Größe des Wirkungsbereichs von Willensfreiheit und der damit verbundenen Verantwortlichkeit.

Tumama (gest.ca.835) führt seine Ansicht auf ähnliche Weise aus. Für ihn ist die Weltschöpfung kein willkürlicher Akt Gottes, sondern eine notwendige Folge seines Wesens, wodurch er die Ewigkeit der Welt erklärt; ohne Anfang und ohne Ende in der Zeit.[251]

Für Amr al-Gahiz ist das Wissen ein Naturprozess und menschliche Handlungen geschehen aus Naturnotwendigkeit und nicht aus freiem menschlichen Willen.[252] Der Wille bedeute, so al-Gahiz, nichts anderes als die Erkenntnis bzw. das Bewusstwerden der eigenen Handlung.
Nicht nur die Menschen, sondern alle Dingen in der Natur (hierbei handelt es sich um seine, oben erwähnte, naturalistische Lehre) sollen sich durch bestimmte Tätigkeiten in der Natur äußern und somit am Geschehen teilnehmen. Diese Tätigkeiten werden von den Dingen selbst innewohnenden Kräften angetrieben. Seine „Naturalistische Lehre" ähnelt den dynamistischen und anymistischen Vorstellungen (siehe 2.2.6./VIII). Im Bezug auf das Bilderverbot nimmt sie Bildern gegenüber eine offene Haltung ein, denn daraus lässt sich eine Notwendigkeit der Kunstproduktion aus der Natur selbst heraus erschließen. Für al-Gahiz sind die Substanzen vor allem das Positive und Ewige, ihre Nichtexistenz ist undenkbar.[253] Die Akzidenzen sind wandelbar, veränderbar und in ihrer Veränderung „vollziehen sich Prozesse von Natur und Geistesleben."[254]

IV Der Mensch, das sittliche Handeln und der Glaube

Als eines der Argumente gegen ein absolut prädestiniertes Weltbild führten die Mutaziliten die Androhung der Hölle oder die Belohnung mit dem Paradies an, und sie fragten wie so etwas möglich wäre, wenn der Mensch nicht willensfrei sein sollte? Warum würde Gott ihn sonst belohnen oder bestrafen, wenn

---
[249] Ebd., S.68-69.
[250] Ebd., S.69.
[251] Ebd., S.70.
[252] Ebd.
[253] Ebd.
[254] Ebd.

nicht für seine menschlichen und selbständigen Werke? Wenn der Mensch das tut, was von Ewigkeit her bestimmt ist, so die Mutaziliten, dann hat er keine Chance „da raus zu kommen." Die Bestrafung bzw. Belohnung seiner Handlungen wäre demnach sinnlos und Gott wäre somit ungerecht was wiederum der Lehre des Korans widersprechen würde (siehe auch 2.5.2./II).

Nazzam sah in menschlichen Handlungen, sowohl körperlicher als auch geistiger Art, Bewegungen, die man aber nicht unbedingt als Ortsveränderung auffassen muss, sondern als Übergang aus einem Zustand in den anderen. Ein Mensch sei eine Seele und der Geist (der wiederum als Substanz, als „feines körperliches Wesen" aufzufassen ist), und dessen Werkzeug und die Form ist der Körper selbst (beide Bereiche sind innig zusammen gebunden). Das unmittelbare Bewusstsein im Menschen, so die Willensfreiheitsdefinition von Nazzam, reagiert auf jede Handlung entweder positiv oder negativ, und die Vernunft entscheidet über die darauf folgende Tätigkeit.[255]

Diese zweideutige Reaktion des Bewusstseins unmittelbar vor einer Handlung wurde von Bisr bestritten, und er glaubte, dass das Vermögen (Handlungen zu produzieren und deren Verlauf zu lenken) vom inneren Entschluss und die darauf folgende Ausführung vom Körper bestimmt wird.[256] Die Handlung selbst war für ihn erst im zweiten Stadium, nämlich in ausgeführter Form als solche zu verstehen.

Mu`ammar sah den Menschen in der Idee bzw. einer unkörperlichen Substanz. Die Seele ist der wahre Mensch, der Körper nur die Form, die von der Seele geleitet wird. Der Seele kommen bestimmte Eigenschaften (Wissen, Vermögen, Willensfreiheit, Weisheit) zu und die Sinneswahrnehmungen, Bewegungen und äußere Veränderungen beziehen sich auf den Körper.[257] Die der Seele zukommende Handlung ist die des Willens, der innere Entschluss. Alles was darauf folgt (z.B. Ausführung eines Kunstwerkes) ist die Handlung des Körpers.

Das Kunstwerk geht auf den inneren willensfreien Entschluss zurück, so könnte man Mu`ammar verstehen; dieser Wille bleibt aber ein geistiger Akt.

V Offenbarung und Vernunft

Die Diskussion über Geschaffenheit bzw. Ungeschaffenheit des Korans bezieht sich in indirekter Weise auf das Thema des Bilderverbots, und ist von dieser Ansicht abhängig, ebenso wie auch von den Lehren des Korans und die schon oben erwähnten Verbote, weil davon die Frage nach der Legitimität des Bilderverbots abhängt. Die Mutaziliten vertreten die Ansicht von der Geschaffenheit des Korans.[258] Für sie ist der Koran nicht das ewige Wort Gottes, sondern in der Zeit geschaffen (bzw. von Menschen miterschaffen; „Wort Gottes" wird somit durch menschliches Beiwerk „abgeschwächt" und dadurch auch dar-

---

[255] Ebd., S.73.
[256] Ebd.
[257] Ebd., S.73-74.
[258] Ebd., S.76.

in ausgesprochene Verbote).²⁵⁹ Nazzam glaubt einen Grund für diese These in der Unmöglichkeit der gewöhnlichen Menschen die Propheten-Worte des Korans (genauso) nachzuahmen, gefunden zu haben.²⁶⁰ Al Muddar sah in der orthodoxen Annahme von der Ewigkeit des Korans geradezu eine ketzerische Behauptung, denn, wie er meinte, würde das bedeuten, dass neben dem ewigen Wesen Gottes ein zweites ewiges Wesen existieren müsste (nämlich der Koran).²⁶¹ Seine Schüler gingen soweit, im Koran nur eine Abschrift des auf der wohlbewahrten Tafel befindlichen Urtextes (und nur dieser soll von Gott geschaffen worden sein) zu sehen, womit die Geschaffenheit des „irdischen" Korans erklärbar wäre (siehe unten „Wohlbewahrte Tafel" u. 2.5.1.).²⁶²
Auch al-Gahiz glaubte an die Geschaffenheit des Korans und stellte eine, leider nicht detaillierte, These über den wunderbaren, als materialisierter menschlicher oder tierischer Körper existierenden Koran auf.²⁶³

Bisr b. Gijat al-Marisi (Rechtsgelehrter an al-Mamuns Hof, gest. Mitte des 9.Jh.) führte auf Anordnung des Kalifen Diskussionen zu diesem Thema, wobei er als Verfechter und Verteidiger der unter al-Mamun eingeführten Lehre über die Geschaffenheit des Korans agierte. Diese wurde durch Mamuns Nachfolger Mutawakkil abgelöst, und die orthodoxe Lehre wurde wieder eingeführt.²⁶⁴

Die Mutaziliten nahmen außerdem an, dass neben der offenbarten Religion auch eine natürliche gegeben ist, die durch eigene Spekulation des Menschen erfahren werden kann.²⁶⁵

Tumama bemerkte, dass jede Erkenntnis notwendigerweise das Gesetz ist und dass dieses Gesetz notwendigerweise zur Erkenntnis Gottes führen werde.²⁶⁶

VI Koran - Wohlbewahrte Tafel

Durch die Verse des Korans: "Sie (oder er (d.h. der Koran) gilt in der Urschrift (in der alles, was in der Welt existiert und geschieht, verzeichnet ist?),(oder: die den Urtext der Offenbarung enthält?) bei uns als erhaben und weise (wörtlich: Sie (bzw. Er) ist...bei uns erhaben und weise))"(43,4) und: "Nein! Es ist ein preiswürdiger Koran (was hier verkündet wird), (im Original droben im Himmel?) auf einer ‚wohlverwahrten Tafel'(85,21-22), gilt dieser als Abschrift der ‚Mutter des Buches' (*Ummu-l-kitab*) die auf *lauh mahafuz* (wohlverwahrte Tafel), festgehalten wird.²⁶⁷ Diese Verse wirkten sich auf die Frage der Prädestination aus, weil demnach alle Vorgänge und Handlungen prädesti-

---

[259] Ebd.
[260] Ebd., S.77.
[261] Ebd.
[262] Ebd.
[263] Ebd., S.78.
[264] Ebd., S.78-79.
[265] Ebd.
[266] Mögliche Folgerung: Der Koran – *Scharia* - Bilderverbot (um ein Erkenntnis Gottes nicht zu verwehren),(Als Verbotstendenz verstehen), Ebd.
[267] Ebd., S.38-39.

niert sind (auf der „Tafel" bereits festgelegt). Weil der Urtext bei Gott aufbewahrt wird, ist nur dieser imstande Änderungen vorzunehmen und somit das Schicksal der Einzelnen zu bestimmen, denn: „Jede (dem einzelnen Menschen oder ganzen Völkern gesetzte) Frist hat eine Bestimmung (wörtlich: Schrift)(durch die sie von vornherein festgelegt ist)). Und Gott löscht (seinerseits) was er will aus oder lässt es bestehen. Bei ihm ist die Urschrift (in der alles verzeichnet ist)"(13, 38-39).

Durch die Hinzufügung der gnostischen Elemente wurde die „wohlverwahrte Tafel" mit der Zeit zur Universalseele (*an-nafsu-l-kulija*), die alle Existenzformen des Universums urbildlich enthalte.[268]

VII *Tanasuh* und das Leben nach dem Tod

Auch in der Frage über das Leben nach dem Tod vertraten die Mutaziliten ihre rationalistischen Vorstellungen, indem einige, z.B. Nazzam, die physikalischen Vorstellungen vom Höllenfeuer leugneten. Die Anhänger Nazzams, Ahmad b. Habit und Fadl al-Hudabi, bildeten die Lehre von der Seelenwanderung (*tanasuh*), in der sie die fünf Stufen (2 im Paradies und 3 in der Hölle) des überirdischen Lebens unterschieden.[269] Demnach bezieht sich das im Koran erwähnte „Schauen Gottes" auf das Schauen der ersten Vernunft, als dem ersten Geschöpf Gottes, woraus die Existenzformen (Urbilder) auf die existierenden Dinge übergegangen sind.[270]

VIII Die Schulen von Bagdad und Basra (ab.ca.750)

Die Hauptstreitpunkte dieser beiden Schulen lagen in der Frage nach dem Nichtsein bzw. dem Verhältnis des Seins zur Natur und zum Begriff des Dings.[271]

Abu-l-Husain b. Abi ʿAmr al-Hajjat und sein Schüler Abu-l-Kasim b.Muhammad al-Kabî waren die Hauptvertreter der Schule von Bagdad.

Sie definierten das Ding als einen Begriff, der gewusst werde und über den man etwas aussagen kann.[272] Das Dasein ist eine Eigenschaft, die sich mit dem Wesen des Dings nicht berühre. Substanz und Akzidenz, Gattung und Art sind was sie sind, egal ob äußerlich existent oder nicht. Das positive Sein (*at-tabut*) wird auch nicht existierenden Dingen zugesprochen, denn die Realität wird nicht durch äußere Existenz bedingt, sondern sie besteht im reinen Begriff.[273] Die Schöpfung (Hervorbringung der Dinge) Gottes beschränkt sich auf Hinzufügung des äußeren Daseins (*wudschud*) zum bereits existierenden Wesen des Dings.[274]

---

[268] Ebd., S.39.
[269] Ebd., S.80
[270] Ebd.
[271] Ebd., S.81.
[272] Ebd.
[273] Ebd., S.82.
[274] Ebd.

Abu Haschim (gest.ca.1 Hälfte des 10.Jh) aus der Schule von Basra stellte seine These von Zuständen mit der Absicht auf die Einheit Gottes samt seiner Eigenschaften philosophisch zu begründen.[275] Seiner These nach sind die Zustände die Eigenschaften und diese sind nicht für sich selbst, sondern mit dem Wesen Gottes zu denken. Das Wesen muss, so seine Theorie, in verschiedenen Zuständen gedacht werden. Die Vernunft kann einen Unterschied zwischen der Erkenntnis eines Dinges an sich und der Erkenntnis desselben in Bezug auf seine Geschaffenheit wahrnehmen. Das „Allwissend sein" des Allwissenden ist ein Zustand, der Gott, außer seinen Wesen, zugeschrieben wird.

Gubbai, Abu Haschims Vater, war nicht einverstanden mit dieser Theorie, weil er darin „eine unberechtigte Übertragung subjektiver Denkformen auf die Realität des Gedachten"[276] sah. Seiner Meinung nach reduzierten sich diese Zustände nur auf Begriffe (ohne dass daraus ein besonderer Begriff oder Eigenschaft denkbar wäre) oder auf „Betrachtungsweisen des Verstandes", die ebenso wenig als Eigenschaften gelten können.

Der Streit über die Eigenschaften Gottes wurde durch das Vorhaben ausgelöst die absolute Einheit Gottes wissenschaftlich zu begründen.[277] Der Sohn und der Vater waren der Meinung, dass die Körper die Bedingungen für das zum Daseinkommen der Ideen sind, denn durch deren Dasein ist das Leben bedingt. Die Erkenntnis von Gut und Böse, so die beiden, ist eine in der Vernunft begründete Pflicht.[278] Der Todessündiger ist für sie gottlos, nicht gläubig und auch nicht ungläubig, aber mit einer Chance zur Bekehrung ausgestattet, die, falls zu Lebzeiten unterlassen, zum Höllenfeuer führen wird.

Nicht das Heil bringt ihrer Meinung nach die Empfindung an sinnlicher Lust, sondern die Ausführung der richtigen Handlungen im irdischen Leben. In der Frage des Imamats stimmte die „Schule von Basra" den Sunniten zu, während die früheren Mutaziliten teilweise mit den Schiiten übereinstimmten.[279]

Der Schüler Gubbais, Abu-l-Hasan al-Aschari, der lange Zeit mit den Ansichten seines Lehrers übereinstimmte, machte sich schließlich von diesen Lehren los und befolgte dann die eher orthodoxen Betrachtungsweisen oben genannter Probleme.[280] Aschari (siehe unten) behielt teilweise die alten Lehren bei, indem er den Menschen die „angeeignete Tätigkeit" (*kasb*) zugestand.[281]

---

[275] Ebd.
[276] Ebd., S.83.
[277] Ebd., S.84.
[278] Ebd.
[279] Ebd., S.85.
[280] Ebd., S.86.
[281] Ebd.

IX Substanzlehre (Atomismus) der Mutaziliten als Vorstufe für Atomismus der Aschariten

Im System der basrenischen Atomistik (Schule von Basra) ist ein Atom gleich der Substanz, die in seiner Existenz einen Raum erfüllt und unteilbar ist.[282] Für das Atom wird der Begriff *Dschuz* gebraucht, was man als Substanz übersetzen kann, woraus sich die Gleichheit der Begriffe in diesem atomistischen System ergibt.[283]

a)   Die Entstehung, Sein und Dauer der Substanz

Die Mehrheit der Gelehrten ist der Meinung, dass die Substanz durch einen Begriff auftritt, wenn sie entsteht, also durch eine Ursache.[284]
„Dauer" heißt nach den Mutaziliten Beharrung der Existenz in zwei oder mehr Augenblicken.[285] Abu Husain al-Hajjat glaubt an keine dauernde Abhängigkeit der Körper durch eine Ursache. Abu Hafs al-Kirmisini sieht in der „Dauer" selbst den eigentlichen Grund der Dauer einer Substanz, während Abu-l-Kasim meinte, dass die Substanz durch die Dauer, deren Substrat sie ist, andauert.[286] Die Mehrheit der Mutaziliten glaubte an eine kontinuierliche Dauer der Substanz in ihrer Existenz, während Nazzam an eine, durch ein Agens in jedem Augenblick erneuerte, Substanz glaubte. Die Schule von Basra ist der Meinung, dass die Substanz nicht durch einen Begriff zu definieren ist. Die von Nazzam aufgestellte Theorie über Erneuerung der Substanz lehnen sie aber ebenso wie auch Abu-l-Kasim, ab. Der Einwand gegen Nazzam war folgender: Wenn eine Ursache der Dauer ständig erschaffen wird (Existenz der Substanz als notwendige Ursache), dann hebt dieser Vorgang die Dauer selbst auf (die Dauer ist nicht mehr existent, denn die Substanz wird in jedem Augenblick neu erschaffen).[287]

b)   Größe, Gestalt, Fähigkeiten und Bildung der Körper

Al-Hasani glaubt an eine würfelförmig-ähnliche Gestalt der Atome, weil eine andere Form (z.B. Kugelform) unmöglich ist, da diese den Raum zwischen einem und den benachbarten 6 Atomen, trotz Berührung nicht ganz erfüllen würde.[288]
Ihre qualitative Bestimmtheit erhalten die Atome durch Akzidenzen, die veränderlich und nicht von derselben Dauer wie die Substanz sind (ihre Dauer

---

[282] Biram, Arthur(edt.): Die atomistische Substanzlehre – aus dem Buch der Streitfragen zwischen Basrensern und Bagdadensern, Leiden 1902, S.11.
[283] Ebd., S.8.
[284] Ebd., S.68.
[285] Ebd., S.64. (Fußnote).
[286] Ebd., S.63.
[287] Ebd., S.66.
[288] Ebd., S.12.

bleibt bestehen, solange sie nicht durch eine andere ersetzt wird).[289] Ein Atom ist fähig jede Akzidenz zu tragen, gleichzeitig ist es fähig sich von allen Akzidenzen (die erwähnte Ausnahme miteingeschlossen) zu trennen, denn zwischen dem Atom und den Akzidenzen besteht kein innerlicher Zusammenhang, weil Gott, so die Annahme, sehr wohl beide getrennt erschaffen kann.[290]

Über die Entstehung eines dreidimensionalen Daseins äußert sich al-Hasani mit der Annahme, dass die Mindestzahl der körperbildenden Atome acht wäre. Seiner Ansicht nach bilden zwei aufeinander gereihte Atome eine Linie, vier Atome in einem Viereck bilden eine Fläche, und vier weitere auf dieser bereits gebildeten Fläche lassen einen Körper entstehen, der nicht mehr wandelbar ist (Luft kann nicht zu Feuer werden).[291]

Alle Vorgänge in der Körperwelt vollziehen sich aufgrund physikalischer Notwendigkeit (die Tätigkeit Gottes, so die Annahme, kann im Verlauf dieser notwendig existenten Dinge auch nichts ändern), denn sie sind als notwendig (*mudschiban*) geschaffen worden; die „Schöpfung durch Gewohnheit" (keine notwendige Existenz), die für die Erklärung von Naturvorgängen gebraucht wird (siehe unten), wird abgelehnt.[292]

Nach al-Hasani ist Substanz eine raumerfüllende Existenz, die unteilbar ist.[293] Die Substanz ist Träger von Akzidenzen und damit ist das Atom gemeint. Obwohl Nazzam es als teilbar ansieht (siehe 2.5.2./III), wird diese Theorie von der Mehrheit abgelehnt, weil dies bedeuten würde, dass die Substanz zusammengesetzt ist und die Teilung jedes Körpers unmöglich wäre, weil sie ins Unendliche führen würde.[294]

Akwan wird mit „Sein" übersetzt, und unter bestimmten Voraussetzungen kann es Ruhe, Bewegung, Vereinigung, Trennung, Nachbarschaft bzw. Entfernung bedeuten.[295] Eine Substanz, so Abu Haschim, kann frei von Akzidenzen wie Farbe, Geschmack oder Geruch sein, nur nicht vom „Sein". Auch Abu-l-Kasim ist damit einverstanden und benennt die 4 Naturzustände Wärme, Kälte, Trockenheit und Feuchtigkeit als Akzidenzen, von denen ein „Sein" frei sein kann.[296] Die Zusammensetzung ist möglich, wenn einem „Sein" ein anderes benachbart ist, denn dieses existiert in zwei Substraten.

Diese Annahme beweist folgendes: Substanz ist etwas anderes als Akzidenz (z.B.Farbe), weil keine Koexistenz der beiden besteht.[297] Gott kann beide durch freien Willen getrennt schaffen, während er aber keine Macht hat, so die Annahme der Mutaziliten, die Zusammenhänge, die einer Koexistenz unterliegen, getrennt zu kreieren.

---

[289] Ebd., S.13.
[290] Ebd.
[291] Ebd., S.14.
[292] Ebd., S.14.
[293] Ebd., S.17.
[294] Ebd., S.17-18.
[295] Ebd., S.53.
[296] Ebd., S.56.
[297] Ebd., S.57.

Ein Beispiel dafür ist die Bewegung des Fleisches (mit Knochen), die einer Koexistenz unterliegt, denn wäre das nicht der Fall, würde sich Fleisch bei Bewegung vom Knochen lösen.[298]

Abu Haschim hielt es für möglich, dass ein Atom an die Berührungsstelle zweier anderer Atome treten kann.

Abu Haschim und Hasani glaubten, dass das Atom Anteil an Quantität hat, während Abu-l-Kasim das ablehnte.

c)   Attribute

Das Atom nimmt einen Raum ein (obwohl kein dreidimensionaler Raum - „makan"); es nimmt eine Raumgröße ein (welche sich nicht aus der Zusammensetzung ergeben kann, sondern von dieser schon vorausgesetzt ist), und gleichzeitig ist es ein Körper, der die Dinge am Fallen hindert, worauf diese ruhen.[299]

Als eine Substanz mit bestimmter Quantität nimmt es Akzidenzen an; mit seinem Platz im Raum verhindert es das Eintreten eines anderen an seine Stelle und ist mit Sinnen (Tasten, Sehen) erfassbar.[300] Wenn das Atom raumerfüllend ist dann muss es, so diese Lehre, in einer Richtung sein, denn dies ist die Voraussetzung für die Platzverteidigung anderen Atomen gegenüber.

Das dritte Attribut des Atoms ist seine Existenz (wudschud), die eine notwendige Vorstufe der Raumerfüllung darstellt.[301] Auch im Nichtsein hat das Atom ein Wesensattribut, nämlich die Substantialität.

Das Attribut der Richtung wird durch eine der Akzidenzen der Substanz, nämlich durch das „Sein" (kaunun) beeinflusst und hängt auch von dieser ab.[302] Solange dasselbe Sein an einem Ding haftet, kann dieses die Richtung nicht ändern und umgekehrt. Solange das Atom dieselbe Richtung hat, können nicht verschiedene Seinsmöglichkeiten (akwan) an ihm sein.[303] Eine raumerfüllende Substanz muss also unbedingt für die Richtung die Akzidenz des Seins tragen.[304]

Alle Substanzen haben also die vier gleichen (und keine anderen) Attribute und zwar Substantialität, Raumerfüllung, Existenz und Richtung. Die Substanz unterscheidet sich von der Nichtsubstanz durch Raumerfüllung und Substantialität. Nach der Schule von Basra ist für die Ähnlichkeit die Übereinstimmung im Wesensattribut notwendig, während für Abu-l-Kasim dazu eine Übereinstimmung in allen Attributen, außer Ort und Zeit, nötig wäre. Die Kenntnis der Verschiedenheit ist von der Kenntnis dessen, was die Verschiedenheit bewirkt, abgeleitet. Ähnlichkeit beruht auf dem Wesensattribut und seiner Folgerung (z.B. Schwärze aufgrund der Schwärze und des daraus Gefolgerten).

---

[298] Ebd., S.78.
[299] Ebd., S.11.
[300] Ebd.
[301] Ebd., S.12.
[302] Ebd.
[303] Ebd.
[304] Ebd.

d) Bewegung, Trennung und Vereinigung der Substanzen

Die Ursache der Bewegung, die die mechanische Einwirkung der Dinge aufeinander auslöst, die sich durch Stoß, Druck, Widerstand etc. äußert, ist etwas von außen Kommendes.[305]
Abu-l-Kasim erklärt den leeren Raum für unmöglich (Schule von Bagdad), während die Vertreter der Schule von Basra das Gegenteil behaupten. Als Gegenthese zu Abu-l-Kasims Ansicht führe ich hier ein Beispiel[306] der Schule von Basra an:
Die freie Bewegung, so ihre Lehre, wäre unmöglich, wenn es auf der Welt nicht substanz- und körperlose Orte geben würde; nachdem aber die freie Bewegung nachweisbar ist, weiß man, dass es den leeren Raum gibt. Als Beispiel dafür wird die Bewegung des Körpers angegeben: Um einen Platz an Stelle des wegbewegendes Körpers einzunehmen, müssen die Luftatome einen freien Platz vorfinden, da Luftatome und Körper (Atome) nicht gleichzeitig auf der gleichen Stelle sein können.

Sowohl Abu-l-Kasim, als auch die Vertreter der Schule von Basra sind mit unwesentlichen Unterschieden der Meinung, dass sich die Substanzen nur dann trennen können, wenn eine Möglichkeit zum erneuten Zusammentreffen besteht.[307]

Die Aschariten, deren Vorläufer Abu-l-Kasim war, nahmen an, dass die Ausdehnung eines an sich quantitätslosen Atoms erst bei seiner Vereinigung mit einem anderen Atom erfolgt.[308] Für Abu-l-Kasim hat ein Atom an sich nämlich noch keine Qualität und erst dann einen Raum, wenn es eine Richtung einnimmt und ein anderes Atom neben ihm ist.

Der Begriff „Vereinigung" kann nach Abu-l-Kasim nur für eine Vereinigung der Akzidenzen am gleichen Substrat, nicht aber für Körper (hier nur im Sinne von „nebeneinander liegend") angewendet werden.[309]

e) Die Richtung und Raumerfüllung der Atome

Abu Haschim (Schule von Basra) ist im Gegensatz zu Abu-l-Kasim und Abu Ali der Meinung, dass die Richtung des Atoms auf dieses selbst zurückgeht.[310] Auch Abd al Gabbar ist wie Abu-l-Kasim und Abu Ali der Überzeugung, dass die Richtung der Atome auf die Dinge außerhalb von ihnen zurückgeht.
Die Schule von Basra vertritt die Meinung, dass ein existierendes Atom raumerfüllend ist und wenn das so ist, dann muss es in einer Richtung sein.[311]

---

[305] Ebd., S.14.
[306] Ebd., S.47.
[307] Ebd., S.48.
[308] Ebd., S.16.
[309] Ebd., S.43.
[310] Ebd., S.48.
[311] Ebd., S.49.

Abu-l-Kasim ist der Auffassung, dass dies nur dann zutrifft, wenn ein anderes Atom hinzutritt: "Die Dimension kommt dem Atom durch die Zusammensetzung zu."[312] Unter Raumerfüllung versteht man ein Attribut, das die Verbindung der Atome möglich macht; und Richtung als Attribut ist das, was ein Atom daran hindert die Stelle vom vorhandenen Atom einzunehmen und gleichzeitig das hinzugekommene Atom zwingt, eine der sechs Positionen (oben, unten, vorn, hinten, links, rechts)[313] zum vorhandenen Atom einzunehmen.

f) Das Nichtsein

Da Nichtsein auch existent ist (nur Äußerliches fehlt ihm), sind Atome und Akzidenzen auch auf dieser Ebene vorhanden.
Gott schafft Atome und Akzidenzen, indem er ihnen das Attribut der Existenz verleiht, woraus sich schließen lässt, dass die Existenz dieser Theorie nach auf der Schöpfertätigkeit Gottes beruht. In diesem Sinne werden keine Körper, sondern Substanzen und Akzidenzen geschaffen.[314]
Durch Schaffung der Substanz und der mit ihr untrennbaren Akzidenz des Seins kommt es, wenn mindestens zwei Atome vorhanden sind, zu einer Zusammensetzung, die ein Mittel zur Körperbildung darstellt (durch die Trennung der Atome vergehen die Körper).[315]
Durch Vergehen der Körper verschwinden die Atome nicht, sondern dauern an, bis sie durch das Gegenteil aufgehoben werden. Die Dauer ist das Beharren der Existenz, und wird nicht von Gott vernichtet oder „verlängert", sondern wird durch den „Zustand des Nichtseins" (*al-fana*) ereilt.[316] Das Sein ist durch den Schöpfer bestimmt, das Nichtsein der Substanz nur durch ein Ding, nämlich das Vergehen, was das Gegenteil von Substanz darstellt.[317]
Abu Ali, Abu Haschim und Abu Abdallah stimmen darin überein, dass die Substanz auch im Nichtsein Substanz ist, dessen Bedingung und die Annahme von Akzidenzen und Wahrnehmungsmöglichkeit mit zwei Sinnen Existenz ist.[318]
Abu Ishak glaubt, dass das Nichtseiende in der Nichtexistenz kein Attribut der Unterscheidung hat, sondern erst mit Eintreten eines Attributs, der Raumerfüllung, die Unterscheidung auftritt (außerdem lehnt dieser die Substantialität als Attribut ab).[319]
Abu-l-Kasim lehnt die Bezeichnung Substanz und Akzidenz für das Nichtseiende ab und betrachtet diese als das „Erkennbare, das nicht existiert".[320]

---

[312] Ebd.(Fußnote).
[313] Ebd., S.49.
[314] Ebd., S.12.
[315] Ebd., S.14.
[316] Ebd., S.14-15.
[317] Ebd.
[318] Ebd., S.27.
[319] Ebd.
[320] Ebd., S.28.

Abu'l Hussain al-Hajjat sah die Substanz durch die Macht Gottes zum Nichtsein geführt (die Macht Gottes erstrecke sich auf die Vernichtung der Substanz). Abu-l-Kasim hingegen war der Meinung, dass nur die göttliche Unterbrechung des Schaffensprozesses von Substanzdauer diese zur Vernichtung führt.

2.5.3. Aschariten

Abu-l-Hasan al Aschari (873-935), aus dessen Lehren die nach ihm benannte Bewegung entstand, war zuerst ein Mutazilit, begann sich später (nach seinem 40.Lebensjahr)[321] genauer mit *Hadith* auseinanderzusetzen.[322] Dies geht auf einen angeblichen Traum Ascharis zurück, in dem er vom Propheten dazu aufgefordert wurde: "I did not tell you to give up the Kalam but to support the true Traditions".[323] Quellen seiner Argumentation sind der Koran (und zwar nach Ahmad b. Hanbals, gest.855, Formula *bi-la kaifa* - ohne Fragestellung „Wie"), Tradition (durch Traum dazu gebracht), *Idschma* (siehe oben Al Schafi bzw. Rechtsschulen) und rationales Argumentieren.[324]

I Handlung („Aneignung", Willensfreiheit, Prädestiantion)

Aschari bringt die mutazilitische Ideen in ein streng scholastisches System.[325] Im Unterschied zu den Mutaziliten die die Kraft menschlicher Handlungen vor der Handlung als notwendig sehen, sieht er diese Kraft gleichgesetzt mit der Handlung selbst. Der Mensch hat keine Kraft zu handeln, so Aschari, bevor Gott es will (so denken auch viele Hanafiten).
Die Handlung der Menschen ist von Gott erschaffen, aber der Mensch eignet sich diese im Augenblick der Göttlichen Erschaffung an. Dies läuft nicht auf die Vorherbestimmung hinaus, wie Bürgel meint,[326] denn im Augenblick der Übernahme der Handlung, die von Gott erschaffen ist, entscheidet der Mensch selbst (Willensfreiheit), was mit der Handlung geschieht und ist somit selbst für die Handlung verantwortlich.
Was den Menschen als logische Folge von Ursache und Wirkung erscheint, ist die „göttliche Gewohnheit" (siehe unten), die schon seit langem eingespielt und in einem Ablauf eingebettet ist, dessen Unterbrechung als ein Wunder zu gelten hat (*chariq lil-ada*, "was die Gewohnheit unterbricht").[327]

---

[321] Watt, W. Montgomery: The formative period of islamic thought, Oxford 1948, S.304.
[322] Watt, W. Montgomery: Free will and Predestination in Early Islam, London 1948, S.136.
[323] Ebd., S.138.
[324] Ebd., S.139.
[325] Steiner, Heinrich: Die Mutaziliten., S.9.
[326] Bürgel, Johann Christoph: Allmacht., S.108.
[327] Schimmel, Annemarie: Die Religion., S.72.

Obwohl Aschari abstreitet, dass man Handlungen und Formen der Glückseligkeit in der sublunarischen Welt von den Sternen ableiten kann,[328] glaubten einige innerhalb dieser Bewegung an die persönliche Freiheit im Sinne von Razi (gest.1210), der die Astrologie (und Alchemie) anerkennt, aber als einzige Quelle der „himmlischen Erkenntnis" die Propheten-Tradition annimmt.
Trotzdem schlägt sich Razi auf die Seite der Aschariten: "We (the Ash`arites) believe that God is neither body nor substance, and that He is not space; yet, we believe that we can see God".[329] Razi lehnte anfangs den Atomismus der Aschariten ab, akzeptierte ihn schließlich, aber begründete seine Theologie nicht damit.[330] Gründe für die Ablehnung, die er später (in der Arbeit „*Mafatih*") doch in Akzeptanz umwandelte, waren seine Ablehnung gegen die Ewigkeit und Weltenpluralität.[331] Razi glaubt, dass der Mensch für seine Taten verantwortlich ist, dass aber alles durch Gott determiniert (bestimmt) ist.[332] Gott ist für ihn der Schöpfer von Gut und Böse und alles unterliegt göttlicher Bestimmung.[333]

II Attribute Gottes

Die Aschariten lehren, dass auch göttliche Attribute mit der ‚*bi-la kaifa'*- Formel zu deuten sind,[334] also ohne zu hinterfragen wie etwas geschieht (eine Anlehnung an die sunnitische traditionsbewusste Auslegung und Ibn Hanbal). Sie glauben an die Möglichkeit der Zuschreibung positiver Attribute an Gott, denn im Koran selbst heißt es: "Im Namen des barmherzigen und gnädigen Gottes"(1,1). Diese Attribute aber sind nicht mit Gott gleich zu setzen, weil Gott eine unteilbare Einheit darstellt.[335]
Sie leugnen die rationalistischen Deutungen metaphysischer Inhalte des Korans und lehnen diesbezügliche philosophische Problemlösungen ab.[336]
Razi ist der Meinung, dass die Göttlichen Attribute (insbesondere die anthropomorphen Attribute wie sehen, hören) symbolisch (*tawil*) interpretiert werden müssen, wenn man sie verstehen will (also ein Unterschied zur allgemeinascharitischen Lehre). Im Unterschied zu den meisten philosophischen Meinungen über die Wiederbelebung der Seele, glaubte Razi an die Wiederbelebung der dazugehörigen Körper, die aus denselben Elementen bestehen wie zu Lebzeiten.[337]

---

[328] Horten, Max: Die Philosophie., S.206.
[329] Nasr, Seyyed Hossein: The islamic intellectual tradition in Persia, Richmond 1996, S.110.
[330] Ebd.
[331] Ebd.
[332] Ebd., S.111.
[333] Ebd.
[334] Bürgel, Johann Christoph: Allmacht., S108.
[335] Armstrong, Karen: Nah ist., S.237.
[336] Wimmer, Franz Martin: Vorlesung "Interkulturelle Philosophie" WS 01/02 (Internet Quele).
[337] Nasr, Seyyed Hossein: The islamic., S.111.

III) Offenbarung

Die Aschariten sprechen den Menschen die Fähigkeit zu die Sprache der Offenbarung zu verstehen.[338] Sie sehen eine gewisse Analogie zwischen der Wirklichkeit, die in der Offenbarung gemeint ist, und der menschlichen Realität. Diese Analogie, die das Wesen Gottes nicht enthüllt, kann man als eine Hilfeleistung für die Menschen betrachten, womit die Andersartigkeit Gottes angedeutet wird.

IV) Atomismus der Aschariten

Abu Bakr Muhammad b. At-Tayyib b. Muhammad B. Gafar b. Al-Qasim Al Baqillani (geb.in Basra, gest.in Bagdad 1013)
prägte die Atomismus-Theorie der Aschariten, was ein Versuch war der Einheit Gottes eine metaphysische Dimension zu verleihen.[339] Demnach besteht die Welt aus zusammenhängenden Raumzeitatomen, die von Gott in jedem Augenblick erschaffen werden. Gott ist die einzige Wirklichkeit und nur er kann uns aus dem Nichts erlösen. Keine Naturgesetze können den Fortbestand des Kosmos gewährleisten, sondern nur Gott, der diese Gesetze in jedem Augenblick erschafft und somit geltend macht.

Körper (*dschism*), so Al Baqillani, sind geschaffene Dinge und setzen sich aus atomarer Substanz (*dschauhar munfarid*) und Akzidenzien (*a'rad*) zusammen.[340] Derjenige, der diese Dinge hervorbringt (*fa'il*) kann nicht selbst erschaffen sein, sondern muss ewig sein.[341] Der Schöpfer hat eine ewige Schöpfungsmacht und kann die Zeit so umwandeln (zurücksetzen oder voraussetzen), wie er will (in die Zeit wo die geschaffenen Dinge nicht existent waren).[342] Die Regelmäßigkeit der Vorgänge in der Natur wird mit der „Gewohnheit Gottes" (*'ada*) erklärt, die aber zeitweise durchbrochen werden kann. Jedes Wunder (*mudschiza*) ist als Unterbrechung dieser Gewohnheit (*chariq lil'ada*) zu deuten.[343]

Anhand der Lehre von immer wieder kehrender Neuschöpfung (*chalq fi kull waqt*) und ‚Momentanität der Akzidenzen', wird auch jede menschliche Tat in eine Anzahl von, voneinander getrennten Momenten zerlegt.[344]

Ein Beweis für die Affirmation der Akzidenzen ist die Ruhelage (*sukun*) des Körpers nach der Bewegung.[345] Der Grund dafür liegt in seinem Wesen (*li-*

---

[338] Khoury, Adel Theodor: Islam., S.52.
[339] Armstrong, Karen: Nah ist., S.239.
[340] Antes, Peter: Prophetenwunder., S.57.
[341] Ebd.
[342] Ebd.
[343] Ebd., S.74.
[344] Ebd., S.57.
[345] Ebd., S.59.

nafsihi) oder einer Ursache (*li-'illa*).³⁴⁶ Wenn sein Wesen die Bewegung wäre, dann wäre seine Ruhelage nicht möglich; also muss es an einer Ursache, nämlich der Bewegung, liegen.³⁴⁷ Dieses Argument wird hier als Beweis für die Affirmation der Farben, Geschmack, Geruch, Leben, Tod usw. angeführt. Gleichzeitig wird damit gezeigt, dass der Körper nicht frei davon ist, sich aufgrund seines Wesens oder seiner Vorstellung (*li-ma`nan*) zu bewegen.³⁴⁸

Der Mensch hat im Prinzip Kraft (*qudra*, siehe 2.5.1.) für die Bewegung, ist dazu aber unfähig.³⁴⁹ Gott erschafft den Körper samt seiner Akzidenzen, und dies dauert nur einen Augenblick. Darauf folgt die erneute Schöpfung (*hudut*), in der sich der Körper samt Akzidenzen ändern oder nicht ändern kann. In jedem Augenblick wird alles für einen Augenblick neu erschaffen, dann wieder alles erneuert (vgl. Mutaziliten).

Die Frage der Sünde ist bei Al-Baqillani nicht genügend erörtert worden und läuft auf die Aussage hinaus: "Er (Gott) vollbringt (*qada*) die Sünde und hat in jeder Hinsicht Gewalt über sie außer in dem Sinne, dass er sie vorschreibt, befiehlt und über die Menschen verhängt."³⁵⁰ Denn Gott will nicht das Böse, sondern nur das Gute. Auch *Kasb* ist von Gott erschaffen.³⁵¹ Die Lehre von der „Gewohnheit Gottes" ist wie ein „Naturgesetz" zu verstehen und somit ist ein Wunder (*mudschiza*) die Unterbrechung dieser Gewohnheit, aber nicht unbedingt im negativen Sinne („Gewohnheit" ist nicht als Attribut Gottes zu verstehen, sondern wird nur analog über ihn ausgesagt).

Kausalität existiert also nicht, sondern alles wird von Gott in jedem Augenblick neu erschaffen.

Die Atome (*dschuz*), aus denen die Körper (Welt) bestehen, sind nicht teilbar.³⁵² Sie sind einfache und von jedem Zusammenhang gelöste Substanzen, die erst zusammengesetzt einen Körper bilden können. Jedes Atom bekommt beim Zusammentreffen mit einem anderen Atom einen quantitativen Wert (es können also zwei Körper daraus entstehen).

Die Atome dehnen sich nicht aus, sie nehmen keinen Raum ein, also sind sie nicht in *makan* (3D-Raum), sondern in *hayyiz*, dem der Lage nach bestimmten Ort (Atome nehmen also eine Position ein). Erst durch die Positionen, die sie zueinander haben, entsteht eine Raumgröße. Alle Atome sind gleich und durch ihren Zusammenhang (Aneinanderreihung) entstehen die Körper. Durch ihre Trennung lösen sich die Körper auf. Alle Veränderungen der Atome werden auf Vereinigung, Trennung, Bewegung und Ruhe zurückgeführt und nur Gott, so die Aschariten, kann die Atome nach freiem Willen jederzeit vernichten und entstehen lassen(vgl. Bilderverbotsbegründungen).³⁵³

---

³⁴⁶ Ebd.
³⁴⁷ Ebd.
³⁴⁸ Ebd.
³⁴⁹ Ebd.
³⁵⁰ Ebd., S.60.
³⁵¹ Ebd., S.63.
³⁵² Lasswitz, Kurd: Geschichte., S.138.
³⁵³ Ebd., S.139.

Neben den Atomen existiert auch Vakuum, ein Raum in dem absolut nichts ist, ein Raum, der frei von allen Körpern ist.
Diese Annahme ist notwendig, um die Bewegung der Atome erklären zu können, weil das Gegenteil bedeuten würde, dass alles mit Atomen erfüllt ist und diese ineinander eindringen.
Das Besondere an dieser Philosophie ist, dass sie auch für die Zeit gilt, die aus (wegen ihrer kurzen Dauer) diskontinuierlichen Momenten besteht und die deshalb unteilbar sind.[354] Die Zeit teilt sich auf bis in diese unteilbaren Momente, die keine weitere Teilung zulassen und wird somit eine Realität, die aus Ordnung von Momenten besteht.[355] Die Zeit ist für sie endlich, da sie aus vielen „Jetzt-Momenten" besteht; und da es vor Beginn der Welt nichts zu bestimmen gab, existierte die Zeit auch nicht.

Die Bewegung erklären sie als Übertragung der Atome des bewegten Körpers auf die benachbarten Atome und die Schnelligkeit als abhängig von den Ruhemomenten, die bei dieser Übertragung entstehen können (daher erscheint nur eine Bewegung schneller als die andere).[356]
Hierbei spricht man von „Sprüngen" der Atome. Die Lehre vom „Sprung", *tafra*, wurde von an-Natzatzam gegründet und wurde, innerhalb von Mutaziliten, zur Bewegung der Natztzamija.[357]

An Atomen (Substanzen) haften die Akzidenzen, die stets in größerer Anzahl mit ihnen verbunden sind.[358] All diese zahlreichen Zustände haften an jedem einzelnen Atom (Farbe, Geruch, Ruhe, Bewegung) und nicht am gesamten Körper. Nur weil sich die einzelnen Atome bewegen, nehmen wir eine Bewegung wahr. Schwärze ist schwarz, weil die Atome schwarz sind. Die Größe ist kein Zustand und kommt nur den Körpern zu. Denken, Wissen, Leben und Empfinden sind Zustände wie weiß und schwarz und jedes Atom besitzt Leben und Empfinden.[359]

Die Seele wird als zweierlei aufgefasst und zwar als Akzidenz von einem einzigen Atom, aus dem der Mensch besteht und so der zweiten Annahme nach, als feiner Körper, der in besonderem Zustand aus Atomen, die sich mit den Atomen des menschlichen Körpers vermischen, besteht.[360] Beseeltheit, Denken und Wissen sind für sie Akzidenzen, die entweder von einem Atom oder aufgeteilt auf andere Atome getragen werden (die Ansichten diesbezüglich schwanken).

Die wichtigste Annahme dieses Atomismus ist aus der Verteidigung dieser Lehren hervorgegangen. So lautete eine Frage als Gegenargument, dass wenn die Atome Träger der Akzidenzen sind (die einfachen Substanzen und nicht der gesamte Körper), wie würde dann dieser Körper seine Eigenschaften (z.B.Farbe) verlieren, wenn er pulverisiert wird? Dagegen wurde auf folgende Weise argu-

---
[354] Ebd., S.140.
[355] Ebd.
[356] Ebd.
[357] Ebd., S.146.
[358] Ebd., S.149.
[359] Ebd., S.141.
[360] Ebd.

mentiert: Gott schafft die Atome und die Zustände, aber keine Substanz kann länger als einen Augenblick bestehen. Diese verschwindet sobald sie geschaffen ist und Gott erschafft sie wieder aufs Neue. Sobald Gott die Schöpfung der Zustände unterbricht, verschwindet die Existenz der Substanz.[361] Daraus erklärt sich die absolute Willkür Gottes und eine Negation der Kausalzusammenhänge in der Natur.

Daraus leitet sich die ascharitische Annahme der „Aneignung des Handelns" ab, indem die menschliche Handlung in jedem Augenblick durch Gottes Schöpfung Wirklichkeit wird und der Mensch sich diese in jedem Augenblick aneignet. Die Gedanken, der Wille, die Fähigkeit des Handelns wird in jedem Augenblick von Gott im Zustand des Atoms geschaffen, denn keiner der Zustände kann ineinander fließen (und diese eignet sich der Mensch an). Die Handlung ist demnach nicht kausal, sondern ein „Nebeneinanderstehen von Zuständen der Substanz" (koexistent und nicht kausal).[362]

Form existiert nicht, denn alle physischen Formen sind nur Zustände, die sich voneinander unterscheiden; die Atome als Träger sind immer gleich.[363] Die Welt, die für die Menschen sichtbar ist, wird in jedem Augenblick neu erschaffen und stellt somit eine Reihe von Welten dar, die koexistent sind.

Nach Aschari ist Gott der Schöpfer von allem, was neu entsteht. Gott tut alles was er will, und wäre es anders, dann müsste man Unachtsamkeit und Unfähigkeit (`adschz`), Machtlosigkeit und Mangel am Erreichen des Willen Gottes annehmen.[364] Da dies aber unmöglich ist, läuft alles nach seinem Willen. Aschari legt besonderen Wert auf Gottes uneingeschränkte Macht.[365]

Ahl al-haqq wal-Itbat behauptete, dass Gott den *kasb* erschafft, so wie den Glauben bzw. Unglauben der Menschen und dass dies alles göttlicher Macht unterworfen sei.[366] Nach Meinung von W.M.Watt[367] billigt Aschari den Menschen eine Willensfreiheit zu, wie in folgende Aussage: "Die Wahrheit besteht meines Erachtens darin, dass die Bedeutung von Aneignung (*iktisab*) die ist, dass eine Sache durch eine geschaffene Kraft geschieht, und es ist Aneignung (*kasb*) für den, durch dessen Kraft es geschieht."[368]

Gott agiert sozusagen als „Unterstützer", obwohl er in jedem Augenblick auch Schöpfer ist. Jede Tat ist also von Gott her ewig gewollt, aber in der irdischen Raumzeit Dimension, im Menschen hervorgebracht.[369]

---

[361] Ebd., S.142.
[362] Ebd., S.143.
[363] Ebd., S.144.
[364] Antes, Peter: Prophetenwunder., S.49.
[365] Ebd.
[366] Ebd., S.50.
[367] Von Antes P. ausgeführt in: Ebd., S.51.
[368] Ebd.
[369] Khoury, Adel Theodor: Islam., S.57.

V) Ansichten von Al-Guwayni und Al-Ghazali
(Kurze Darstellung relevanter Themen für das Bilderverbot)

Abu `l-Ma`li `Abd al-Malik al-Guwayni (auch als Imam al-Haramayn und als Lehrer al-Ghazalis bekannt) wurde am 17. Februar 1028 in Buschtanikan (nahe Nischapur) geboren und starb nach Lehrtätigkeiten in Bagdad, Mekka, Medina und Nischapur am 20 August 1085. Guwayni war ein Ascharit und seine Lehren prägten die Lehren al-Ghazalis.
Seiner Meinung nach sind alle Dinge von Gott erschaffen, gleichgültig ob sie durch menschliche Kraft realisiert wurden oder nicht.[370]
Also ist jede Sache, die auch Kraft besitzen kann, der Allmacht Gottes unterworfen.[371] Er wirft den Mutaziliten Leugnung dieser Ansicht vor und erklärt sie somit für „Ketzer".[372] Gott ist Guwaynis Ansicht nach, allmächtig, allwissend und der Schöpfer des menschlichen Willens (er ist der Schöpfer von Substanzen und Akzidenzien).[373]

Al Ghazali (ca.1059-1110) berief sich bei den Ausführungen seiner kosmologischen Weltanschauungen auf das System des Materiellen Weltaufbaus (siehe oben), angefangen vom Thron Gottes über die Sphäre der Engel, der Menschen, Tiere und Pflanzen bis in die Welt der Mineralien.[374] Obwohl er sich, genau wie die anderen Philosophen, nicht direkt zum Bilderverbot geäußert hat, betonte er die Wichtigkeit der Erkenntnis der Schönheit, entsprechend der Ansicht von Mystikern, wonach Gott die Schöpfung hervorrief, um die eigene Schönheit betrachten zu können. Aus al-Ghazalis kosmologischer Weltbetrachtungsweise ist erkennbar, dass Gott selbst der eigentliche „Portraitist" seiner eigenen Schönheit ist, wodurch sich die vielseitigen Facetten seiner Vollkommenheit in der Natur spiegeln.[375] Gottes Geist bzw. sein Wesen zeigt sich in der Natur auf eine „analytische" Weise, während dasselbe im Koran in der „synthetischen" Weise dargestellt wurde.[376] Die Schönheit Gottes drückt sich im perfekten Lebenskreis aus, der ohne Menschen genauso funktioniert wie mit menschlichem Einfluss. Daraus ergibt sich die Sinnlosigkeit der Nachahmung der Natur (die von der Orthodoxie vertreten wurde), weil die Schönheit Gottes nicht darstellbar ist. Man könnte aber annehmen, dass die Darstellung der „synthetischen" Schönheit Gottes, in „analytischen" Natur nur indirekt verständlich, somit legitimiert ist und die einzige Weise der menschlichen künstlerischen Fähigkeit in der Gottesdarstellung darstellt. Denn: "Gott ist schön und er liebt die Schönheit", soll der Prophet Mohammed gesagt haben.

---

[370] Antes, Peter: Prophetenwunder., S.69.
[371] Ebd., S.70.
[372] Ebd.
[373] Ebd., S.71.
[374] Hafizovic, Resid: Znamenja u Allahovim stvorenjima, Islamska kosmologija klasicnog perioda, Abu Muhammad Al Gazali, Sarajevo 1994, S.115.
[375] Ebd., S.117.
[376] Ebd.

Al Ghazali knüpft seine Theorie der Kausalität an den Atomismus der Aschariten, den er als „optische Täuschung" bezeichnet.[377] Für den Begriff der Substanz benützt al-Ghazali so wie seine theologischen Vorgänger den Begriff *dschauhar*, der als Träger der Akzidenzien, der einen Raum beansprucht, verstanden wird (Atom ist mit dabei dem Begriff *dschauhar* gleichzusetzen und ist der physikalische Träger der Akzidenzien).[378]

Alles was auf der Welt existiert, ist von Gott unmittelbar, *bi dschajr wasita* (Ansicht der früheren Ascharia) oder mittelbar (spätere Auffassung, siehe oben *Kasb*, „Aneignung", die nur dem bewusst handelnden Wesen zukommt: Menschen, Engel) in jedem Augenblick neu erschaffen.[379] Der Mensch kann nicht unabhängig von Gott handeln.[380] Der Mensch hat aber eine Fähigkeit, die ihm hilft sich seiner Handlung (die er sich aneignet) auch bewusst zu werden, aber auch einen Willen, der von Gott stammt.[381]

Für Al Gazali ist Gott der Schöpfer von Substanz (*chaliq al-dschauhar*) und Akzidenz (*chaliq al-'arad*).[382]

Nach der Darstellung des „islamischen Atomismus" ist die Atomistische Theorie, die in Zusammenhang mit dem Bilderverbot steht (siehe 2.5.) technisch verständlicher. Sinngemäß kann man damit die figurativen Darstellungen in der islamischen Kunst legitimieren, indem man die Theorie von „Aneignung" und Prädestination anwendet, solange man sich in Rahmen des religiösen Bekenntnisses bewegt.

Genauso aber könnte man diese Theorie als ausdrücklichen Hinweis zur Abstraktion in der Kunst verstehen, da man durch die „Aneignung" der Handlungen (d.h. Ausführung eines Kunstwerkes) von der Nachahmung der Natur fernbleiben sollte, weil dies sowieso unmöglich sei und somit sinnlos erscheint. Abstrakte Werke aber kann man als einen Ausdruck der Vielfältigkeit menschlicher Eigenständigkeit verstehen, die im Rahmen dieser augenblicklichen, immer wieder kehrenden Schöpfung, einer „Ballung" von Atomen, die im Moment der „Aneignung" der Handlung zu einem Bild des Bildlosen führt bzw. als eine Ahnung von dessen Undarstellbarkeit verstehen.

2.6. Mystik und Buchstabensymbolik

Wie bereits erwähnt unterschieden die Mystiker zwischen einem inneren Sein, das nur von „Eingeweihten" (also von einem Mystiker, der die Voraussetzungen erfüllt hat) verstanden werden kann, und dem äußerem Sein der Dinge, das von der "breiten Masse" wahrgenommen werden kann. Für Mystiker sind alle uns

---

[377] Antes, Peter: Prophetenwunder., S.85.
[378] Ebd.
[379] Ebd., S.86.
[380] Ebd.
[381] Ebd., S.87.
[382] Ebd., S.92.

umgebenden Dinge eine Vielheit (*haqa'iq*), die einer Einheit entsprungen sind.[383] Die Wesenheit (*haqiqa*), dass heißt dieser „verborgene" Kern der Dinge, und die Seele selbst gilt es zu erfahren, denn die Sinneswelt enthält nicht die Wahrheit des Ursprungs, nach der jeder streben soll. Die Erfahrung, nach der gesucht wird, benötigt meditative Übungen und erworbenes Wissen. In diesem Sinne ist die (Buch)Malerei gerechtfertigt (wird zugeteilt zum notwendigen Weg des erworbenen Wissens), weil sie der Weiterbildung dient, während die figurative Kunst für das Volk (die „Ungeweihten") ungeeignet ist, da sie es vom „rechten Weg" abbringen könnte.

Das Ziel des Mystikers ist die Erfahrung des wahren *tauhid*, in dem er in „göttlichem Urlicht" aufgeht (*fana*). Denn Gott, so die Lichtlehre der Mystiker, hat das Urlicht geschaffen aus dem er „wie aus einem Substrate"[384] die Welt erschuf. Demnach sind die Weltdinge nur „Schatten" des „göttlichen Lichtes", die für die Menschen als Offenbarung Gottes aufzufassen sind. Die Kunstwerke wären damit die Spiegelbilder von bereits bestehenden und entweder als „gute" oder „schlechte Kopien" aufzufassen.

Die Mystiker sprachen sich nicht offen für oder gegen die Kunst bzw. das Bilderverbot aus, sie trieben jedoch den Liberalisierungsprozess voran, indem sie den Künstlern die „symbolischen Elemente" durch ihre eigenen Künste (Poesie, Musik) offen legten. Damit gerieten sie in Konflikt mit der Orthodoxie, bewegten sich aber trotzdem relativ sicher zwischen den innerislamischen „politischen" Polen, indem sie die Hauptlehren des Islam akzeptierten.

Eine Tendenz, die sich in den früheren Schia und frühen Mystischen Bewegungen findet, ist die Bewegung der Hurufi („die sich mit Buchstaben, *Huruf*, befassen"; begründet von Fadlullah Asterabadi, der wegen dieser, für die Orthodoxie ketzerischen Ideen 1398 hingerichtet wurde),[385] die in den Koranischen Offenbarungen die Manifestation Gottes sahen. Begründet auf ihren Lehren (eine Zahlensymbolik, die den Propheten bestimmte Zahlenwerte zuordnet; wahrscheinlich durch kaballistische Spekulationen der Mystiker beeinflusst), sind die Buchstaben im menschlichen Gesicht eingeschrieben[386] und deuten auf Ali, schiitische Märtyrer, Namen der Imame u.ä. Kombinationen hin. Die entstandenen Bilder (meistens in Klöstern der Sufis der Bektaschi-Bewegung verwendet)[387] zeigen das Gesicht aus Buchstaben der Namen „Ali", „Allah", „Mohammed" und „Husain" in kunstvoller Kalligraphie.[388] Dieser Philosophie entsprechend ist der Mensch samt seinem Gesicht die „vollkommene Kopie" der Wohlverwahrten Tafel, in der alle Weisheit und Schönheit beschlossen ist.

Der Einfluss der Mystiker auf die Kalligraphie ist also unbestreitbar. Insbesondere aber in schiitischen Kreisen bildete sich eine ausdrucksstarke Buchstaben-

---

[383] Horten, Max: Die Philosophie., S.240.
[384] Ebd., S.236.
[385] Schimmel, Annemarie: Mystische Dimensionen des Islam, Frankfurt a.M. und Leipzig 1995, S.580.
[386] Ebd., S.581.
[387] Ebd.
[388] Abbildung zu sehen in: Ebd., S.601.

Bilder-Symbolik heraus, die man auch als Ausdruck des Bilderverbots verstehen kann.

Gleichzeitig bereitete diese Entwicklung den Weg für die Buchmalerei, die insbesondere in der Bagdader (Kunst)Schule und im Osmanischen Reich weiterentwickelt wurde (anfangs jedoch mit stark stilisierten, zweidimensional wirkenden Körperformen, um dem Bilderverbot entsprechend die „seelen- und geistlosen" Körper als solche zu betonen).

Die Symbolik, die sich in der Kalligraphie entwickelte, beinhaltete die *„Basmallah"*[389] -Formel (z.B. in Form eines Storches; In der Türkei häufige Darstellung innerhalb de Mavlevi – Bewegung was zusammenhängt mit der Folklore – Geschichten, die den Vogel betreffen und dessen Vorliebe für Nestbau an den Moscheen), die bereits oben erwähnten Namen, verschiedene Vogel-Darstellungen (siehe Salomo, „Vogelbelebung" usw. als Ideen- und ideologische Grundlage), Thronvers (2,255), *schahada*- Formel, Löwe (Symbol für Ali) und weitere Tiere bzw. Objekte oder architektonische Anspielungen bis in die Gegenwart, wo moderne Künstler dieselbe Formensprache für ihre Kunstwerke benutzen.[390]

Die Kalligraphiekunst, deren Entwicklung im Jahr 700 mit dem *Kufi*-Duktus begann (weitere Entwicklungsformen sind: *nashi*, *riqa*, *thuluth*, *nesatliq*, *schikasta*, *maghribi* und *diwani*), die heute fast alle Architekturelemente eines Sakralbaus im Islam schmückt (oft in spiegelseitigen Schrifttafeln, die eine besondere Art der abstrakten Dekoration bilden, zusammen mit immer wieder wiederholter ornamentaler Dekoration) kann auch als Ausdruck des mystischen *dhikr*, Gottesgedenken in Form von ständiger Wiederholung von Gottesnamen verstanden werden.

2.7. Geometrie

Seit dem 10. Jh. entwickelte sich eine Ornamentik, die nicht nur aus dem Bilderverbot resultierte, sondern auch durch die neuen Erkenntnisse auf den Gebieten der Naturwissenschaften beeinflusst wurde.[391] Auf die bereits zu dieser Zeit hoch entwickelte theoretische Mathematik folgte die angewandte Mathematik, mit deren Hilfe die abstrakten und komplexen Formen als Dekoration oder Architekturelemente verwendet wurden. Der Naturwissenschaftler Ibn al-Haitam (Alhazen, Basra 965-1039)[392] führte seine Theorien auf dem Bereich der Optik aus, was die weitere Entwicklung der bildlosen Kunst erleichterte. Er verwendete dabei Begriffe wie „Proportion" und „Harmonie", die er für seine, wie Gra-

---

[389] *Basmallah* ist Abkürzung für: *Basmallahi r-rahmani r-rahim*, „Im Namen Gottes, des Barmherzigen, des Erbarmers". Von frommen Muslimen wird diese Formel vor jeder Handlung ausgesprochen.
[390] Schimmel, Annemarie: Mystische Dimensionen., S.602.
[391] Grabar, Oleg: Die Moschee, in: Hattstein, M. u. Delius, P.: Islam-Kunst., S.49.
[392] Ebd., S.48.

bar[393] das betont, „fast empirisch" wirkende Wahrnehmungstheorie benutzte, um eine Schönheitstheorie zu entwickeln, wobei er den Ausdruck der „visuellen Bedeutung" betonte.[394]

Geometrische Formen treten nicht nur in reiner Form (Architekturelemente) auf, sondern auch als stilisierte Pflanzendarstellungen, die man auf diese Weise nicht als Nachahmung der Natur betrachtete, sondern als eine „Herausziehung der Schönheit" aus dem Material selbst, wo diese als (ein) Potenzial bereitstand.[395] So ist aus einigen schriftlichen Berichten[396] eine Vorliebe, ja sogar eine künstlerische Schönheitsvorstellung, in bildlosen, abstrakten, geometrisch stilisierten Pflanzen und Tierdarstellungen, zu erkennen. Durch diese Schönheitsvorstellung, die unter anderem durch das Bilderverbot beeinflusst wurde, entwickelten sich die für die Kunst des Islams bezeichnende abstrakte Arabeske und die Kalligraphie.

Die Betonung der Einheit Gottes, der Einheit der Schöpfung, der „Einheit der Vielheit"[397] und der „Vielheit in der Einheit",[398] somit aber Klarheit über den Sinn des Bilderverbots, kann kaum besser als mithilfe der „spekulative Weise", durch die geometrische Abstraktion der Formen, zum Ausdruck gebracht werden. So wird beispielsweise die Form einer Rose in ihre Bestandteile bis hin zu ihrer ursprünglichen Substanz zerstückelt. Sie wird transformiert und ins „Schattenlose" übertragen, immer und immer wieder, und zwar so lange, bis daraus eine Arabeske entsteht, die dadurch auch als Verwirklichung der Atomistischen Theorie, im Sinne einer philosophischen Betrachtungsweise der Schöpfung verstanden werden kann.

„Schattenlose" Figuren, stark stilisierte und in die Fläche hineinprojizierte Körper waren aus der Sicht der frühen islamischen Künstler und der Orthodoxie durch diese Darstellungsweise „des Lebens beraubt" und solche Bilder wurden nicht verboten. Genauso malte man einfache Striche durch die Hälse der dargestellten Figuren, um sie so zu „köpfen" und „des Lebens zu berauben." Dadurch wurde klar zum Ausdruck gebracht, dass die Darstellungen, und gleichzeitig die verantwortlichen Künstler, nicht Gottes Schöpferkraft nachmachen wollten. Die Ornamentik gab den Künstlern mit Hilfe der geometrischen Erkenntnissen eine neue Sicht der Dinge und eine neue Möglichkeit ihre Künste „gesellschaftstauglich" zu machen(um das Bilderverbot zu umgehen).

Dies bedeutete nicht das Ende der Künste im Islam, im Gegenteil, es rief eine neue künstlerische Ausdrucksweise hervor, die die islamische Kunst bis heute ausmacht.

Der Ursprung der Geometrik, als wichtiger Teil islamischer Kunst, liegt u.a. bei den vorislamischen Nomaden, deren Kunst der Teppichweberei und die daraus

---

[393] Ebd.
[394] Ebd.
[395] Burckhardt, Titus: Vom wesen Heiliger Kunst in den Weltreligionen, Zürich 1995., S.148.
[396] Ebd.
[397] Ebd., S.152.
[398] Ebd.

entwickelter Rhythmik in der Formdarstellung sich mit der Metrik der Araber und (auf diesem Gebiet) bewahrten pythagoräischen Theorien vermischte.

2.8. *Halifa* (Statthalter Gottes) und *sheng* („Durchdringen der")[399] in Verbindung zum Bilderverbot

Zweifellos wurden die chinesischen Kunsteinflüsse durch die mongolischen Eroberungszüge des 13.Jh. in die islamische Welt hineingetragen. Unübersehbar ist zusätzlich die Ähnlichkeit zwischen chinesischen und islamischen Ansichten, im Bezug auf die Auslegung der Rolle der Menschen auf der Erde, womit sich eine Verbindung zum Bilderverbot herstellen lässt.

Bereits im 4. und 3. Jh. v. Chr. unterschieden die chinesischen Gelehrten zwischen den Menschengemachten, *wei*, und Gewirkten, Gemachten überhaupt, *wei*. Der Unterschied besteht in der Schreibweise der Begriffe: das Menschengemachte ist durch zwei Striche, die das vom Menschen Vermittelte der Entstehung anzeigen, erweitert.[400] „Menschengemachtes" wurde schon damals von chinesischen Gelehrten als eine „Fälschung" verstanden.[401] Dieses Menschengemachte war immer in Gefahr in Konkurrenz zu Gott zu treten. So war es die Aufgabe des Menschen, nach chinesischer Ansicht, die wahre Regentschaft Gottes aufrecht zu erhalten, eine Verbindung zwischen Himmel und Erde zu sein und diese nicht durch „unnötiges" Wirken (künstlerische Schöpfertätigkeit) zu erweitern.[402] Der Mensch ist ein *sheng*, dessen Aufgabe mit dem islamischen *halifa* vergleichbar ist: die göttliche Ordnung auf der Erde zu bewahren. Die chinesischen „Fälschungen" wären mit den islamischen „verbotenen Bildern" zu vergleichen, woraus eine Ähnlichkeit in der Betrachtungsweise ersichtlich ist.

Ob diese chinesischen Ansichten vorislamischen Arabern bekannt waren, ist nicht feststellbar.

---

[399] Röllicke, Hermann Josef: Die „geburtliche Artverfassung" (xing) der Wesen und ihre „Selbst-Erweisung"(ziran): Eine Studie zum Laozi zhigui, in: Sonoda, Moneto: Horin, Düsseldorf 2000, S.47.
[400] Kudielka, Robert: Natur als Technik, zur Baugeschichte des europäischen Naturbegriffs, in: Ebd., S.22.
[401] Röllike, Hermann Josef: Die „geburtliche Artverfassung"., in: Ebd., S.46.386.
[402] Ebd, S.46-47.

3. Die Entstehungszeit des Bilderverbots – Ein Versuch das Bilderverbot in der philosophisch-geschichtlichen Entwicklung zeitlich zu fixieren

3.1. Der erste islamische Bildersturm im Jahr 630 (Vergleiche mit Überlieferungen)

Im Januar des Jahres 630 eroberte Mohammed[403] mit seinem Heer Mekka, umkreiste auf seinem Kamel die Kaaba, warf mit seinem Reiterstock die 360 aufgestellten Götzen nacheinander um und sprach dabei die Koranischen Verse: „Die Wahrheit ist (mit dem Islam) gekommen, und Lug und Trug schwinden (immer) dahin"(17,81).[404] Danach betrat er das Innere der Kaaba, wo er die Bilder aus dem Leben Abrahams,[405] von heidnischen Gebräuchen (bzw. bildhafte Darstellungen von heidnischen Göttern) und von Maria mit dem (Jesus)Kind erblickte. Diese Annahme ist allerdings umstritten, wie Rudi Paret gezeigt hat. Denn nach Überlieferung XI (siehe 2.4.4.) ist namentlich von gemalten Bildern von Maria, Abraham und Ismael die Rede, wobei die zwei männlichen Figuren etwas in den Händen hielten, das wie Lospfeile (*azlam*) aussah.[406]
Nach Sure 5,3 ist Losen mit Pfeilen verboten, woraus Mohammeds Befehl an Umar ibn al-Hatab die Bilder wegzuwischen (es wird sogar ein Tuch, das dazu nass gemacht worden ist erwähnt)[407] verständlich ist (Mohammed soll dabei seine Hände schützend über dem Bild von Maria mit dem Kind gehalten haben, um diese Darstellung zu bewahren, während sein Befehl für alle anderen Bilder befolgt wurde. Dieses als einzig verbliebene Bild fiel einem späteren Brand innerhalb der Kaaba zum Opfer.[408] Es bestehen jedoch Zweifel an der Beschreibung dieser Bilder, da ein byzantinischer Künstler, der diese Bilder angefertigt haben soll (zu dieser Zeit waren einige byzantinische Künstler in der Stadt für Häuserdekorationen tätig; siehe dazu 3.2.), genau solche Figuren mit Blitzbündel[409](griechischer Einfluss) anfertigen hätte können, was für ihn viel spezifischer gewesen wäre, woraus wiederum Mohammeds Befehl erklärbar wäre. Für unser Thema ist der Zeitpunkt dieser historischen Tatsachen, ohne dass man die Inhalte der Bilder an Stelle diskutieren muss, wichtig, weil wir dadurch einen ersten Fixpunkt für die Entstehungszeit des Bilderverbots erkennen können.

---

[403] Hattstein, Markus: Der Islam - Weltreligion und Kulturmacht, in: Hattstein, Markus u. Delius, Peter (Hg.), Islam - Kunst u. Architektur, Köln 2000, S.14.
[404] Internet Quelle: Kamali, Mohammed Hashim: Das islamische Bilderverbot(I): http://freenet.meome.de/app/fn/artcont_portal_news_article.jsp/73608.html, 28.04.2002.
[405] Ebd.
[406] Paret, Rudi: Die Entstehungszeit., S.175.
[407] Ebd., S.174.
[408] Internet Quelle: Kamali, Mohammed Hashim: Das islamische.,28.04.02.
[409] Paret, Rudi: Die Entstehungszeit., S.175.

Hierbei handelt es sich um ein praktisches Bilderverbot, während die bereits angesprochenen theoretischen Voraussetzungen (Offenbarung des Korans) dazu beigetragen haben. Wenn man die chronologische Anordnung der Offenbarung betrachtet (siehe dazu die chronologische Anordnung von Dchalalud-Din),[410] ist unübersehbar, dass Mohammed genügend Theorie (gemeint ist die Offenbarung; z.B. Sure 62,2 aus dem Jahr 610, nach Dschalalud-Din) für seine Tat 630 in Mekka hatte.

Einigen Berichten zufolge kam es sogar vorher zu Bilderstürmen. Als Beispiel erwähne ich die Zerstörung von al-Fuls, einem Götzen des Stammes Chadschi, der von Ali nach Befehl Mohammeds bei einer Aktion vernichtet wurde.[411]

Obwohl Rudi Paret glaubt, dass um diese Zeit (630) kein Bilderverbot bestand (dies führt er auf ein Ereignis zurück, bei dem muslimische Truppen unter der Führung von Sad ibn Abi Waqqas im Jahr 637 die Hauptresidenz der sasanidischen Perserkönige, Ktesiphon, eroberten und in der vorgefundenen Halle die bildlichen Darstellungen sowie Plastiken von Lebwesen nicht zerstörten.),[412] glaube ich, dass es wohl kein besseres Vorbild für die muslimische Gemeinde geben konnte als der Prophet Mohammed und dass wegen seiner Tat in Mekka (Kaaba) wohl eine bilderfeindliche Tendenz bestand. Es handelt sich vielmehr um ein bewusstes Bilderverbot, das nur für Bilder galt, die zu Anbetungszwecken benutzt wurden, woraus sich der oben erwähnte Vorfall erklären lässt. Anderseits hat Rudi Paret recht, falls er mit dem Bilderverbot das Verbot meinte, das durch die Zeit und von verschiedenen Glaubensrichtungen und zu unterschiedliche Zeiten, herausgebildet wurde und zu eigenen politischen Zwecken verschärft bzw. gemildert wurde.

3.2. Rudi Paret-These I (Fixpunkt 680)

Begründet durch die Überlieferung (siehe *Sunna* VI) handelt der sog. *hadith qudsi*(„Heiliges hadith", das als ureigene Überlieferung Gottes gilt) von einem Hausbesuch des Marwan ibn al-Hakam in Medina von Abu Zura(der *Isnad*; überliefert durch Buhari, Ahmad ibn Hanbal und etwas erweitert bei Muslim) und Abu Huraira, wobei der Letztere die Überlieferung zitiert hat (*Sunna* VI) weil er gesehen hat wie ein Künstler im Haus an der Decke Bilder von Lebewesen malt.[413] Marwin al-Hakam war im Jahr 685, nach Regierungszeiten als Statthalter von Medina, zwischen 662-669 und 674 (bzw.676)-677 verstorben, ist aber historisch belegbar.[414] Abu Huraira (gest. 679 in Medina) war zu al-Hakams Re-

---

[410] Hughes, Thomas Patrick: Lexikon., S.436.
[411] Wellhausen, J.(Hg): Muhammed in Medina, Das ist Vakidi`s Kitab alMaghazi in verkürzter deutscher Ausgabe, Berlin 1882, S.389.
[412] Paret, Rudi: Das islamische. (Das Orientteppich-Seminar)., S.1.
[413] Paret, Rudi: Die Entstehungszeit., S.164.
[414] Ebd., S.165.

gierungszeit öfter sein Vertreter, und ist genauso historisch nachweisbar.[415] Genauso ist Abu Zura zu besagter Zeit in Medina belegbar. Somit ist ein Entstehungszeitpunkt des Bilderverbots gegeben, der sich um 680 bestimmen lässt. Wenn man die erste These dazurechnet, ist eine Diskussion über ein zu diesem Zeitpunkt (680) bereits bestehendes Bilderverbot bzw. eine Diskussion über dieses Problem sinnlos, da ein Bilderverbot im Sinne des Polytheismusverbots zu diesem Zeitpunkt bereits bestand.

Zu dieser Gruppe gehört auch die Überlieferung *Sunna* IV, die durch verschiedene, historisch belegbare Personen (Abd Allah ibn Masud, gest.652 und Mansur ibn al-Mutamar, ca.670-749) in die zweite Hälfte des 7.Jh. gehört.[416]

3.3. Paret-These II (Fixpunkt 720) und zweiter islamischer Bildersturm ausgerufen durch Yazid II

Ein dritter Fixpunkt ergibt sich aus der Diskussion, die zwischen den islamischen Gelehrten geführt wurde und die teilweise schriftlich belegbar ist. Bei Muslim[417] wurde die Überlieferung aufgezeichnet (siehe *Sunna* IV), die anscheinend ein Streitpunkt war, weil man sich nicht darüber einigen konnte, ob nur die Menschen (bzw. Tiere) als darstellungsunwürdig (bzw. verboten) gelten oder ob auch Pflanzen unter dieses Verbot fallen. Nawawi (gest.1278) stellte fest, dass bildhafte Darstellungen von allem was ein Lebensodem (*ruh*) hat strengstens verboten seien, während die bildhaften Darstellungen von vegetabilen Wesen auch zum Lebensunterhalt (als Künstler, Handwerker) erlaubt seien.[418] Nawawi zitiert dabei al-Qadi Iyad (1088-1149), der gleicher Meinung war und stellt (aufgrund von al-Qadis Schriften) fest, dass nur Mugahid (lebte ca.642-722) anderer Meinung war. Mugahid, der sich auf den Koran und die alleinige Schöpfermacht Gottes berief, war nicht nur gegen Darstellungen von Lebewesen sondern auch von Bäumen (also Pflanzen).[419] Rudi Paret vermutet, dass die Diskussion über dieses Thema um 720 beendet wurde (722 starb Mugahid), da aus der Literatur (Hadith-Kommentare usw.) eine Tendenz abzulesen ist, die der Meinung Mugahids entgegen steht (anscheinend hat sich die Ansicht durchgesetzt, dass bildhafte Darstellungen von Lebewesen mit einem *ruh* verboten sind und dass Pflanzen diesem Bilderverbot nicht unterliegen).

Somit haben wir einen weiteren Fixpunkt, der in die zwanziger Jahre des 8.Jh. zu setzen ist.

Die Entstehung des Bilderverbots zu dieser Zeit wird auch mit einem archäologischen Befund untermauert. Es handelt sich um Tafeln mit Mosaiken in einer christlichen Kirche in Main (heute Jordanien), bei denen nur die Darstellungen

---
[415] Ebd.
[416] Ebd., S.166.
[417] Ebd.
[418] Ebd.
[419] Ebd., S.167.

von Menschen (bzw. Tieren) zerstört wurden und um das Jahr 719/20 durch Darstellungen von vegetabilen und anderen nicht-animalischen Wesen ersetzt worden sind.[420] Der Verfasser des Berichts R. de Vaux vermutet, dass diese Darstellungen einem islamischen Bilderverbot zum Opfer fielen, weil zu dieser Zeit der omaiyadische Kalif Umar II in diesem Gebiet regierte (reg. Zeit. Oktober 717-720).[421]

Andre Grabar[422] bezieht die Inschrift-Daten von diesen gefundenen Tafeln auf die Erbauungszeit der Kirche und sieht die Zerstörung der Darstellungen als Folge des von Yazid II (Regierungsnachfolger von Umar II) ausgerufenen Edikts zum Bildersturm (also vor dem Bildersturm-Edikt des christlichen Kaisers Leon III aus dem Jahr 726 bzw. 730).[423] Nach Yazids Tod im Jahre 724 wurde Hischam sein Nachfolger, der aber Yazids Bildersturm-Edikt nicht befolgte.[424]

Die Münzreform des Kalifen Abd al-Malik (Reg. Zeit 685-705), die dazu beitrug, dass ab 696 alle Goldmünzen und von 698 an auch alle Silbermünzen nicht mehr nach byzantinischer bzw. sasanidischer Art geprägt wurden, sondern von nun ab nur arabische Aufschriften trugen (und so gut wie keine Herrscherbilder auf den Münzen)[425] zeigt eine bilderfeindliche Tendenz, die zu dieser Zeit zweifellos bestand (obwohl die Münzreform primär einer Vereinheitlichung des islamischen Reiches dienen sollte und Vereinfachung der Verwaltung, lässt sie das damalige bilderfeindliche Erscheinungsbild der Gesellschaft deuten).

Die von Oleg Grabar und K.A.C. Creswell vertretene These[426] über ein islamisches Bilderverbot, das erst durch den Bildersturm Edikt von Leon III, also einem christlichen Bilderverbot ausgelöst wurde, erscheint den dargestellten Daten nach (siehe 3.1., 3.2., 3.3.: Yazid II, Andre Grabar und Münzreform) unbegründet.

3.4. Wensinck These

Auf dem Gebiet der Hadith-Forschung hat Arent Jan Wensinick nachweisen können,[427] dass der Großteil der Überlieferungen, einschließlich diese die das Bilderverbot betreffen, in die zwanziger Jahre des 8.Jh. zurückreicht. Obwohl einige Überlieferungen auch in die frühe abbasidische Zeit einzurechnen sind (also nach 750), stimmt diese Theorie von Wensinck mit den oben erwähnten bezüglich des Bilderverbots wichtigen Ereignissen (wie z.B. Edikt von Yazid II und archäologische Befunde) überein. Dadurch ergibt sich eine Übereinstim-

---

[420] Ebd., S.168.
[421] Ebd.
[422] Ebd.
[423] Ebd.
[424] Ebd.
[425] Ebd., S.177.
[426] Ebd., S.178.
[427] Ebd., S.160-161.

mung mehrerer Thesen, die, zumindest ansatzweise, einen zeitlichen Anfang des Bilderverbots bestimmen können.

4. Schlusswort

Das islamische Bilderverbot ist schon als Formulierung zu stark gewählt und sollte eigentlich mit dem Zusatz „sogenanntes" beschrieben werden. Denn, obwohl manche Ereignisse in der Geschichte dazu verleiten können, handelt es sich dabei nicht um eine bilderfeindliche Einstellung, welche die künstlerische Tätigkeit an sich betrifft, sondern ausschließlich zu Zwecken eines Polytheismusverbots.

Künstlerischer Ausdruck verleitet nicht zur Götzenanbetung, sondern drückt die Vielfalt schöpferischer Einheit aus, im religiösen wie auch im allgemeinen Sinne, was auf keinen Fall mit dem Islam in Konflikt steht. Im Gegenteil, es handelt sich viel mehr um den Ausdruck der menschlichen Vielfalt, die mit den „Wundern" aus der Tierwelt zu vergleichen wäre, wie z.B. Farben bzw. Formanpassung mancher Tiere an ihre Umgebung. Wenn dem Islam nach diese „Wunder" aus der Tierwelt als Gottes Zeichen (Göttliche Schöpfung) zu betrachten sind, warum dann nicht auch der Einfallsreichtum eines Straßenkünstlers, der Picassos Ideen mit Hilfe von Asphaltfarbe kombiniert.

Wie paradox erscheinen erst die Bilder mancher arabischer Politiker, die heute noch die Strassen vieler „islamischer" Länder prägen, während in den Koranschulen, die sich in den gleichen Straßen befinden von der Einheit Gottes gesprochen wird, von einer Gesellschaft in der keine Ausbeutung stattfinden darf, von einer Gesellschaft, in der es keinen politischen „Anführer" (oder einen König, der von Zinsen in Überfluss lebt) oder Diktator geben darf? Was macht es für einen Sinn von einem (Bilder)Verbot zu sprechen, während die verherrlichenden Bildnisse von Revolutionsanführern,[428] die unumschränkte Entscheidungsgewalt haben (bzw. hatten), immer noch geschätzt werden?

Das sogenannte islamische Bilderverbot ist kein Kunstverbot und soll nicht als solches verstanden werden. Dennoch existiert eine derartige Tendenz auch in den heutigen islamischer Gesellschaft. Diese Tendenz hat sich aber gewandelt und mit Hilfe des technischen Fortschrittes wird auch die moderne Form der Naturabbildung (Foto, Film) akzeptiert und umgesetzt, was die heutige „islamische" Kunstszene auch beweist (z.B. Shirin Neshat).

Man kann trotzdem nicht übersehen, dass die ursprüngliche Bilderverbotsidee ihr Ziel keineswegs verfehlt hat, so dass im sakralen Bereich bis heute keine bildlichen Darstellungen existieren, während die Entwicklung von dekorativen Elementen (in Form von Kalligraphie, Arabeske), die durch dieses Verbot ausgelöst wurde, immer weiter vorankam: Geometrie und kalligraphische Elemente werden heute von vielen modernen Künstlern in ihren Arbeiten aufgenommen und in modernen Medien wie dem Internet und den dazugehörigen Bearbeitungsformaten weltweit verbreitet und ausgetauscht, was zu einer Neuentwicklung in diesem Bereich führt.

---

[428] Siehe dazu ein Beispiel in: Weiss, Walter M.: DuMont Schnellkurs, S.167.

Die wachsende Akzeptanz der oben erwähnten Ansichten innerhalb islamischer Gesellschaften ist kein Produkt der „Modernisierung", die mit der Zeit und im Zuge technologischer Entwicklung stattfindet, sondern vielmehr ist sie ein Spiegel des wachsenden Verständnisses von Botschaften des Islam.

Anderseits soll ein islamischer Künstler nicht als „Gefangener" in seiner ornamentalen Welt betrachtet werden bzw. als ein Kalligraph, der gezwungen ist aus Buchstaben Bilder machen zu müssen. Vielmehr ist dieses künstlerische Können als meisterhafte Virtuosität zu verstehen aus ganz „wenig" sehr „viel" zu schaffen. Dabei handelt es sich um Darstellungen der Lebensphilosophie eines jeden islamischen Gläubigen bzw. um Darstellungen des inneren Wesens, das das Diesseits und das Jenseits in einem scheinbar ewig wiederholenden Muster zeigt. Die Symbolik, die dabei zum Vorschein tritt ist weniger wichtig als die eigentliche Botschaft der Offenbarung, die für jeden islamischen Künstler die eigentliche Herausforderung in künstlerischer Darstellbarkeit ausmacht. Die abstrakten Formen, die dabei entstehen, lösen im Betrachterauge eine Bewegung aus, die an das Betrachten des Sternenhimmels erinnert. Der Blick springt von einem Punkt zum anderen mit der Erwartung, das Muster zu verstehen. Nur diese Abstraktion kann die Unbegreifbarkeit des göttlichen Wesens ausdrücken, das sich von jeder stofflichen Dimension unterscheidet und über dieser steht. Denn die künstlerische Gehörigkeit jeder materiellen Dimension des Daseins bedeutet für einen islamischen Künstler eine einfache Nachbildung, ohne den wahren Kern zu bedenken, aus dem die eigentliche schöpferische Allmacht herauszulesen ist. Obwohl die Buchmalerei in der späten Phase der islamischen Kunst einen starken Einfluss auf die Künstler ausgeübt hat, war sie dennoch auf wenige Themen (wie *miradsch*, Himmelsreise, Mohammeds oder Herrscherportraits usw.) reduziert und somit auch zeitlich begrenzt (Stil Entwicklungen, die in eine bestimmte Zeit einzugrenzen sind), was man von den abstrakt erscheinenden Darstellungen (Ornamentik aber auch Kalligraphie) nicht behaupten kann. Bei heutiger Betrachtung lösen diese künstlerischen Formen die gleiche Bewunderung aus wie vor hunderten von Jahren. Dies beweist, dass eine als islamisch zu bezeichnende Kunst durch das so genannte Bilderverbot an ihrer Qualität nichts eingebüßt hat, im Gegenteil. Es wäre jedoch falsch zu behaupten, dass die bildlichen und figürlichen Darstellungen islamischer Kunst nur Reproduktionen von fremden Stile waren. Sie sind sicherlich größtenteils von den fremden Einflüssen (vorislamische bzw. Stile der Nachbarkulturen) geprägt worden und trotzdem weisen sie eigene Entwicklungsphasen auf, in der sich aber nie, wie das in Ornamentik bzw. Kalligraphie der Fall ist, eine einheitliche Stilistik entwickelt hat, was durch diese fremden Einflüsse und somit regional bedingt ist.

Das so genannte islamische Bilderverbot prägte die Entwicklung islamischer Kunst entscheidend, positiv wie auch negativ, wobei es nicht darum geht wie stark diese beide Tendenzen waren, sondern ob sie auch einen Einfluss auf die gesellschaftliche Entwicklung hatten. Formulierte Thesen und Ansichten in diesem Buch sollten einer weiteren Diskussion zu diesem Thema dienen und wei-

terführende Gedankengänge anregen, um zu einem besserem Verständnis auf dem Gebiet islamischen Philosophie der Kunst zu verhelfen.
Hiermit betrachte ich die Diskussion zum Thema des Bilderverbots im Islam als eröffnet!

Glossar

`ada – „Gewohnheit Gottes"
adschal – Zeitraum
`adschz – Unachtsamkeit bzw. Unfähigkeit
Akwan - Seinsmöglichkeiten
Allah - „Gott"
Al-ilah – Der Gott (vorislamische Bezeichnung)
al-fana – „Zustand des Nichtseins"
al-Furqan - Unterscheidungsnorm (einer der Namen des Korans)
al-Rabba – „die Herrin"
an-nafsu-l-kulija - Universalseele
a`rad - Akzidenzien
`Arsch – Thron Gottes
as-Samad – „die unbedingte Ursache allen Seins"
as-salafa`s-salih – „ehrwürdige Väter" des Islams
at-tabut – Das positive Sein
ayat – Zeichen (Gottes), Zeile im Koran
azlam – Lospfeile

Badewi - herumziehende Beduinen
Bait – Haus (Wohnraum), auch Beschreibung für Kaaba
Banat Allah - „Töchter Allahs"
bani bzw. banu (Abkürzung: „b.") - Sohn von...
basmallah - ist Abkürzung für: *Basmallahi r-rahmani r-rahim*,
„Im Namen Gottes, des Barmherzigen, des Erbarmers"
Batin – innerer Sinn (des Korans)
bi dschajr wasita – das Weltliche ist von Gott unmittelbar
bi-la kaifa – ohne Fragestellung „Wie"

chaliq al-`arad – Schöpfer von Akzidens
chaliq al-dschauhar – Schöpfer von Substanz
chalq fi kull waqt – Lehre von immer wieder kehrender Neuschöpfung
chariq lil-ada – „was die Gewohnheit unterbricht"

Dschabhab – Grube(Schatzkammer)
Dschabr - Zwang
Dschahiliya - „Zeit der Unwissenheit"(Die Zeit vor dem Islam)
dschauhar munfarid – atomare Substanz
Dschinn - Dämonen, Geister
dschism - Körper
Dschuz – Atom
Dhikr – ständige Wiederholung von Gottesnamen (Mystik)

Duktus (Entwicklungsformen): kufi, nashi, riqa, thuluth, nesatliq, schikasta, maghribi und diwani

fa`il – "derjenige der die Dinge hervorbringt"
fana – „Aufgehen im Göttlichen Urlicht" (Mystik)

Hadith – Überlieferung
Hadith qudsi – „heiliges hadith", das als ureigene
          Überlieferung Gottes gilt
Hadrewi - Stadtansässige
Hadsch – religiöser Ritus im Islam
halifa – Stellvertreter, Statthalter Gottes auf Erden
Haniffiyah – „Gottessuchende"
haqa`iq - Vielheit
haqiqa – die Wahrheit
Haram ,Hima – heiliger Bezirk
Haswiya – Altorthodoxe
Huruf - Buchstaben
hudut – erneute Schöpfung
hayyiz – durch die Lage bestimmender Ort

Idschaz, mudschiza, adschaza - Wunder
idschma - Konsens
idschtihad – Erlaubnis Göttlichen Willen neu ermitteln zu dürfen
iktisab - Aneignung
Ilah - Gottheit
Iqra - „lese" bzw. „trag vor", die erste Offenbarung an …
Isnad – „Stütze", Überlieferer

Kaaba - „Haus Gottes", das zentrale „Heiligtum" des Islams
Kachra – Stein(fem.)
Kafir - Ungläubiger
Kalam – „Rede" bzw. „Wort Gottes", Argumentation
kasb – „angeeignete Tätigkeit"
Kaunun – „Sein"
Kursi – Fußschemel
lauh mahafuz – Wohlverwahrte Tafel

li-`illa - Ursache
li-ma`nan - Vorstellung
li-nafsihi - Wesen

Maana – Sinn
mahdi – „Der Rechtgeleitete"
Mahgar – Heiliger Bezirk

Makan – dreidimensionaler Raum
Manhal - Wohnstätte
Mohammed – „Auserwählter" bzw. „Gesandter"
Marwa – (weißer) Stein
Miradsch – „Himmelsreise" Mohammeds
muruwah – eine Art Lebensideologie

Qaum – Volk
qada – Vollbringung
qibla – zeigt die Gebetsrichtung innerhalb einer Moschee
qiyas – Analogieschluss
Quraisch - arabischer Nomadenstamm

rizq – Lebensunterhalt (Schicksalsbestimmung)
ruh - Lebensodem

sheng (chinesisch) – „Durchdringer"
Sura - Bild, Abbildung (hergeleitet aus *sauwara*)
Sure - Abschnitt im Koran
Sufis - Mystiker
sukun - Ruhelage
Sunna - Tradition
schahada – Religionsbekenntnis des Islam
Scharia – der Weg (Begriff für das Gesetz)

tafra – „Sprung"
Tafsir – philologisch historische Exegese
Tamatil - Bildwerke
Tanasuh - Seelenwanderung
Tauhid - Einheitsbekenntnis Gottes
Tawwaf - ritueller Kreislauf um ein Heiligtum (z.B. Kaaba)
Tawallud - Fortpflanzung
Tawil – allegorische Exegese

Umm al-Kitab - Mutter aller Bücher (gemeint ist der Koran)
Ummi – lese- und schreibunfähig
Ummu-l-kitab – „Mutter des Buches"
usul al fiqh - „vier Wurzeln der Rechtswissenschaften"

wei (chinesisch) – zwei Bedeutungen, die sich in einem Zeichen
            für Menschengemachtes und „Gemachtes, Gewirktes" über-
                haupt unterscheiden
wudschud – äußeres Dasein

Zahir – äußerer Sinn (des Korans)
Zindik - Ketzer

Quellenverzeichnis

(Hinweis: Die folgende Liste enthält auch Literaturwerke die in bosnischer Sprache veröffentlicht wurden. In solchen Fällen wird zusätzlich eine deutsche Übersetzung des Titels angegeben)

Literaturverzeichnis

Abdel, M. Haleem: Early Kalam, in: Nasr, Sayyed Hossein and Leaman, Oliver: History of islamic philosophy, Routledge, London (1996) 2001.
Al Ghazali (El Gazali bzw. Algazel): Život poslije smrti (sa arapskog preveo Ismail Ahmetagić), Hedijja (Verlag), Mostar 1998.(Buchtitel: Das Leben nach dem Tod)
- Niša svjetlosti(sa arapkog preveo Enes Karić; pogovor: Gairdner, W.H.T.), El Kalem izdanje (Verlag),(Buchtitel: Lichtnische)
Antes, Peter: Prophetenwunder in der Aš`ariya bis al-Ġazali(Algazel), Klaus Schwarz Verlag, Freiburg im Breisgau 1970.
Armstrong, Karen: Nah ist und schwer zu fassen der Gott, 3000 Jahre Glaubensgeschichte von Abraham bis Albert Einstein, Droemer Knaur Verlag, München 1993.
-Muhammad. Religionsstifter und Staatsmann, Heyne Verlag, München 1991.
Bianca, Stefano: Die Architektur der Moschee, in: Haarman, Maria (Hrsg.): Der Islam, München 1992.
Biram, Arthur: Die atomistische Substanzlehre aus dem Buch der Streitfragen zwischen Basrensern und Bagdadensern, E.J.Brill Verlag, Leiden 1902.
Bobzin, Hartmut: Mohammed, Beck Verlag, München 2000.
Brentjes, Burchhardt: Die Kunst der Mauern, Islamische Traditionen in Nordafrika und Südspanien, DuMont Verlag, Köln 1992
Buhari, Sahihu-l : Zbirka hadisa I-IV(Prevod sa arapskog : Hasan Škapur), R&R Izdavačko prometno preduzeće Tuzla(Verlag), Tuzla 1994.(Buchtitel: Hadith Sammlung von Buhari I-IV)
Burckhardt, Titus: Vom wesen Heiliger Kunst in den Weltreligionen, Aurum Verlag, Zürich 1995.
Bürgel, Christoph Johann: Allmacht und Mächtigkeit. Religion und Welt im Islam, Beck Verlag, München 1991.
- Das Bilderverbot im Islam, in: Haarman, Maria (Hrsg.): Der Islam, München 1992.
Chebel, Malek: Symbole des Islam, Brandstätter Verlag, Wien/Paris 1997.

Eiger, Ralf und Stolleis, Friederike (Hrsg.) : Kleines Islam Lexikon, Beck Verlag, München 2001.
Finster, Barbara: Frühe Iranische Moscheen, vom Beginn des Islam bis zur Zeit Salguqischer Herrschaft, Reimer Verlag, Berlin 1994.
Folsach, von Kjeld: Islamic Art, The David collection, Copenhagen 1990.
Grabar, Oleg: Die Moschee, in: Hattstein, Markus u. Delius, Peter (Hg.), Islam - Kunst u. Architektur, Könemann Verlag, Köln 2000.
Glasenapp, Helmuth v.: Die fünf Weltreligionen, Heyne Verlag, Berlin 1998(7.Auflage).
Grohmann, Adolf: Göttersymbole und Symboltiere auf südarabischen Denkmälern, in: Denkschriften der kaiserlichen Akademie der Wissenschaften in Wien, 58.Band, 1.Abhandlung, Wien 1914.
Gröber, Karl: Palästina - Arabien und Syrien, Baukunst, Landschaft und Volksleben, Wasmuth Verlag, Berlin 1925.
Haarman, Maria (Hrsg.): Der Islam, C.H.Beck Verlag, München 1992.
Hafizovic, Resid: Znamenja u Allahovim storenjima, in: Islamska kosmologija klasicnog perioda, Abu Hamid Muhammad al
Gazali (Prevod sa arapskog: Enes Karić), Ljiljan (Verlag),
Sarajevo 1994.(Erkenntnisse in Allah`s Schöpfungen, in:
Islamische Kosmologie klassischer Periode von Al Ghazali, ein Kommentar von Hafizović R.)
Hamawi, Zuhayr Mahmud: Čovjek izmedju sihira, uroka i džina, izdavačka kuća Bemust (Verlag), Sarajevo, 2002.(Buchtitel: Mensch zwischen schwarzer Magie, bösem Zauber und Dschinn)
Hamidullah, Muhammed: Umjetnost, in: Uvod u islam (sa engleskog prevela Sabina Berberović), Starješinstvo Islamske zajednice(Verlag), Sarajevo 1989.(Originaltitel: Introduction to Islam, London 1980).
Hattstein, Markus: Der Islam - Weltreligion und Kulturmacht, in: Hattstein, Markus u. Delius, Peter (Hg.), Islam - Kunst u. Architektur, Könemann Verlag, Köln 2000.
Hentschel, Kornelius: Geister, Magier und Muslime, Dämonenwelt und Geisteraustreibung im Islam, Diederichs Verlag, München 1997.
Horten, Max: Die philosophischen Systeme der spekulativen Theologen im Islam, Cohen Verlag, Bonn 1912.
-Die Philosophie des Islam, Ernst Reinhard Verlag, München 1924.
Hughes, Thomas Patrick: Lexikon des Islam, Orbis Verlag, München 2000.
Irwin, Robert: Islamische Kunst, DuMont Verlag, Köln 1998.
Karabacek, Joseph: Das angebliche Bilderverbot des Islam. Ein Vortrag gehalten im Bayerischen Gewerbemuseum in Nürnberg am 7.Februar 1876, Nürnberg 1876.
Ketterman, Günter: Atlas zur Geschichte des Islam, mit einer Einleitung von Adel Theodor Khoury, Primus Verlag, Darmstadt 2001.
Khoury, Adel Theodor: Islam kurz gefasst, Knecht Verlag, Frankfurt 1998
-mit Hagemann, Ludwig und Heine, Peter: Islam Lexikon, Wien/Basel 1991.

Koran, Deutsche Übersetzung von Rudi Paret, Kohlhammer Verlag, Stuttgart 1979.
Koch, Ebba: Mughal Architecture, Prestel Verlag, München 1991.
Kur`an, Prevod na bosanski jezik(In bosnischer Sprache): Besim Korkut, Izdanje od Hadimu-l-Haremejni-s-Serifejni-l- Melik Fahd(Verlag), Medina 1992.
Lalouette, Claire: Weisheit und Wissen des vorderen Orient. Vom alten Ägypten bis zum Islam, Artemis und Winkler Verlag, Düsseldorf/Zürich 1999.
Lasswitz, Kurd: Geschichte der Atomistik vom Mittelalter bis Newton, Leopold Voss Verlag, Hamburg/Leipzig 1890.
Lowry, Heath: Kalligraphie als religiöse Kunst, in: Haarman, Maria (Hrsg.): Der Islam, München 1992.
Luther, Martin [Bearb.] : Die Bibel oder die ganze Heilige Schrift des Alten und Neuen Testaments : nach der deutschen Übersetzung Martin Luthers, Österr. Bibelges. ,Wien 1972.
Mazhar, Ipsiroglu: Das Bild im Islam, Ein Verbot und seine Folgen, Wien/München 1971.
McCarthie, Richard: The Theology of al-Ashair, Beirut 1953.
Montgomery, William Watt: Free will and Predestination in Early Islam, London 1948.
- The formative period of islamic thought, Oneworld, Oxford 1948.
Muneto, Sonoda (Hg.): Horin, Vergleichende Studien zur japanischen Kultur 8, Eine Veröffentlichung des Hauses der Japanischen Kultur(EKŌ), Düsseldorf 2000.
Nagel, Tilman: Die islamische Welt bis 1500, Oldenbourg Verlag, München 1998.
Nasr,Seyyed Hossein: The islamic intellectual tradition in Persia, Richmond 1996.
- Ideal und Wirklichkeit des Islam, Diederichs, München 1993.
Nasr, Seyyed Hossein und Oliver Leaman (Hrsg.): History of Islamic Philosophy (Routledge History of World Philosophies, Bd.: 1-2), Routledge, London 1996.
Paret, Rudi: Das islamische Bilderverbot und die Schia, in: Erwin Graf (Hrsg.), Festschrift Werner Caskel zum 70. Geburtstag, Leiden 1968.
- Das islamische Bilderverbot und die Shia (Nachtrag), ZDMG 120(1970).
- Das islamische Bilderverbot, in: Das Orientteppich-Seminar, Heft 8, Tübingen 1975.
- Die Entstehungszeit des islamischen Bilderverbots, in: Die Kunst des Orients XI, 1976/77.
Schimmel, Annemarie: Mystische Dimensionen des Islam, Diderichs Verlag,Frankfurt a.M./Leipzig 1995.
-Die Religion des Islam. Eine Einführung, Reclam Verlag, Stuttgart 1999.
-Islamic Calligraphy, Brill Verlag, Leiden 1970.

- Sufismus, Eine Einführung in die islamische Mystik, Verlag C.H. Beck, München 2000.
Schmidtke, Sabine: Theologie, Philosophie und Mystik im zwölferschiitischen Islam des 9./15. Jahrhunderts. Die Gedankenwelten des Ibn Abi Jumhur al-Ahsa'i (um 838/1434-35 - nach 906/1501), Leiden/Boston/Köln 2000.
Šerif, Adnan: Kuranska astronomija(sa arapskog preveo Fahrudin Smailović), Ralex Comerce (Verlag), Sarajevo 1999.(Buchtitel: Koranische Astronomie)
Steiner, Heinrich: Die Mutaziliten, Freidenker im Islam, Leipzig 1865.
Thoraval, Yves: Lexikon der islamischen Kultur, Wiss.Buchges., Darmstadt 1999.
Volpi, Franco(Hrsg.): Großes Werklexikon der Philosophie, Kröner Verlag, Stuttgart 1999.
Weber, Otto: Arabien vor dem Islam, J.C.Hinrische Buch Verlag, Leipzig 1904.
Weiss, Walter M.: Islam - DuMont Schnellkurs, DuMont Buchverlag, Köln 1999.
Wellhausen, J. (Hrsg.): Muhammed in Medina, Das ist Vakidi`s Kitab alMaghazi in verkürzter deutscher Wiedergabe, G.Reimer Verlag, Berlin 1882.
- Reste arabischen Heidentums, G.Reimer Verlag, Berlin 1897.
Yahya, Harun: Podvale teorije Evolucije, Znanstvei kolaps darvinizma i njegova ideološka pozadina, Bosančica
print(Verlag), Sarajevo 2001.(Buchtitel: Unstimmigkeiten der Evolutionstheorie, Darwinistischer Erkenntniskollaps und sein ideologischer Hintergrund) (Originaltitel in Türkisch: Evrim Aldatmacasi, Evrim Teorisinin Çöküşü ve Teorinin İdeolojik Arka Planı)

TV / Video Quellen

-Dokumentarsendung: Mohammed - Die Stimme Gottes von Eike Schmitz und Sissy von Westpahl, 3sat am 22.12.2002(16:30-17:15).
-Arte TV Dokumentarsendung: Mohammed der Prophet(6 Teile/ca.6Stündig), Ausgestrahlt im Januar 2001.(Geschichte des Islams, Entwicklung usw.)
-Spielfilm: The Message(USA 1977), directed by Moustapha Akkad.
(Teilweise gelungene Darstellung vorislamischer Bräuche und Anbetungsmethoden)

Internet Quellen

-Autor: Seitenbetreiber: http://www.unifrankfurt.de/fb01/miller/Chronik.html, 29.08.2002.
-Autor: Seitenbetreiber: http://www.israelnews.de/zeitisra.htm , 29.08.2002.
-Autor: Seitenbetreiber: http://www.islamic-centre-hamburg.de/alfadschr/nr081_090/af090/af090_24.htm, 13/10/2002.

-Autor: Seitenbetreiber: Bilderverbot im Islam,
http://islam.de/?site=forum/faq&di=answers#sonst/bilderverbot.html, Dezember 2002.
-Kamali, Mohammed Hashim: Das islamische Bilderverbot(I) + (II):
http://freenet.meome.de/app/fn/artcont_portal_news_article.jsp/73608.html, 28.04.2002.
-Mabkhout, Rabia: Kunst im Islam, Kunsthandwerk am Beispiel der Koranständer, http://www.enfal.de/grund46.htm, 8.5.2002.
-Tarek A.Bary und Walter Grond: Über die Medien, den Orient und das Internet, http://www.lichtungen.at/poetik/bek/text/be01.rtf.,13.10.2002.
-Videos & Text zur politischen Bildung, Der Prophet Mohammed
Video 094, Info unter: http://www.bpb.de/filme/apropos/download/pdf/094.pdf 13/10/2002.
- Wimmer, Franz Martin: Vorlesung "Interkulturelle Philosophie" WS 01/02
Philosophie in arabischer Sprache, ein Überblick
http://mailbox.univie.ac.at/Franz.Martin.Wimmer/vlarabphil1_01.html, Wien 13.10.2002.

www.ingramcontent.com/pod-product-compliance
Lightning Source LLC
Chambersburg PA
CBHW030446300426
44112CB00009B/1193